幸福婚姻

婚姻

管理师

南 方 ◎ 著

中华工商联合出版社

图书在版编目(CIP)数据

幸福婚姻管理师 / 南方著. -- 北京：中华工商联合出版社，2022.7
ISBN 978-7-5158-3536-5

Ⅰ.①幸…　Ⅱ.①南…　Ⅲ.①女性 – 婚姻 – 通俗读物　Ⅳ.①C913.13-49

中国版本图书馆CIP数据核字（2022）第 154820 号

幸福婚姻管理师

作　　者：	南　方
出 品 人：	李　梁
责任编辑：	胡小英
装帧设计：	华业文创
责任审读：	付德华
责任印制：	迈致红
出版发行：	中华工商联合出版社有限责任公司
印　　刷：	三河市华润印刷有限公司
版　　次：	2022 年 9 月第 1 版
印　　次：	2022 年 9 月第 1 次印刷
开　　本：	710mm×1020mm　1/16
字　　数：	175千字
印　　张：	16
书　　号：	ISBN 978-7-5158-3536-5
定　　价：	48.00 元

服务热线：010 — 58301130 — 0（前台）
销售热线：010 — 58302977（网店部）
　　　　　010 — 58302166（门店部）
　　　　　010 — 58302837（馆配部、新媒体部）
　　　　　010 — 58302813（团购部）
地址邮编：北京市西城区西环广场A座
　　　　　19 — 20 层，100044
http://www.chgslcbs.cn
投稿热线：010 — 58302907（总编室）
投稿邮箱：1621239583@qq.com

**工商联版图书
版权所有　侵权必究**

凡本社图书出现印装质量问题，请与印务部联系。
联系电话：010 — 58302915

前 言
PREFACE

做自己的幸福婚姻管理师

  幸福的婚姻是每一个人所追求的，经营美满婚姻的艺术却并不是所有人都具备的。不少人的婚姻以失败告终，值得即将进入婚姻和已婚人士去警惕和反思。"离婚的根本原因是什么？"其实，著名的英国作家王尔德早已给出了答案："离婚的根本原因在于结婚。"听起来很荒诞，仔细想想却很有道理。一段婚姻之所以会走向失败的结局，往往是因为之前没有"好好结婚"。

  在糟糕的婚姻里瞻前顾后，当断不断，后半生也被连累着拖入泥潭，完全丧失希望。看过太多悲欢离合，渐渐明白了这样一个道理："未经审视的婚姻不值得过"；离婚未必都是坏事，亦应了那句话"长痛不如短痛"。

  曾有一则27岁女子因被逼婚而寻短见的新闻，令人扼腕叹息。她不仅接连被父母催着相亲，更是在相亲失败之后被骂废物，被父母种种过分的言行逼上绝路。

  目前的社会中，提起"剩女"二字，大多数人的口气都不太友好，仿佛女孩到了一定年龄嫁不出去就是一种奇耻大辱。被这种畸形的婚恋观影响至深的年轻人比比皆是，他们内心的焦虑与恐惧溢于言表：

"同龄人一个个都成家立业了，就我一事无成，算了，找个伴凑合过吧……"

"年龄大了，优质男越来越少，反正跟谁结婚都一样，晚结不如早结……"

"结婚了就有人分担房贷和生活开销了，也不用听七大姑八大姨的唠叨了，挺好……"

………

不少被生活折磨得灰头土脸的人怀揣着这样的想法，稀里糊涂地走入错误的婚姻。直到被种种残酷的现实折磨得遍体鳞伤，才明白，如今流的泪都是当初脑子里进的水。

看到这样一句话："现实的婚姻有两种，为了爱情而结婚，为了结婚而结婚。"但愿天下的女孩都能遵从内心的指引，与心爱的他齐头并进，奔向未来。只因有了爱情的婚姻才是人生最终的目标，有了爱情的婚姻才能携手相持，走到白头。

结婚要慎重，爱一个人，也不能将就。一见钟情不太靠谱，失恋后用新的恋情来填补内心的空虚更是无比愚蠢的选择。余生，你要找一个懂你的人一起生活，只因三观不合的人勉强在一起不会幸福。更重要的是，你不能因为太过孤独，就轻易地爱上一个人。因为，不存在能绝对填补孤独的东西。

爱情可以抛开生活去谈，但是婚姻不是，婚姻就是生活。结婚，一定要慢。不要贪图他对你有多好，有多听你话，注意观察对方在他父母面前的样子，观察他"品性的最低处"，是否有上进心，是否足够负责任等。

你更要明白，嫁给一个人，其实是嫁给他的生活方式和他的整个家庭。所以结婚前，先去他家里走走，尽可能多地了解他的成长环境、家庭背景。或者策划一次短途旅行，将最真实的自己暴露在彼此面前，看看自己是否接纳对方的生活方式。

婚前更重要的是看清婚姻的真相，亲手扼杀那些不切实际的幻想。爱情虽然美好，却太容易被琐碎的现实击败。当"风花雪月诗酒花"遇上"柴米油盐臭袜子"，再多的浪漫都会被撕扯为一地鸡毛。只有在婚姻里不断精进爱的能力，才能令婚姻稳如磐石。

先学会爱自己，才能更好地爱别人。除此外，你还要懂得挖掘男人的心理诉求，接纳、包容他身上的种种小缺点、小瑕疵，与他平等地交流，深入地沟通，并学会运用语言的力量，让真诚的夸赞萦绕在日常生活中的每一个角落，这能令你们的心越贴越近。

很多女人不明白自己的婚姻究竟败在哪里。其实，朝夕相处中，你们的一举一动间早已释放出太多的信号。感情正浓的时候，彼此一个对视，一个微笑，一个牵手，便胜却人间无数风景。如今，甜言蜜语、耳鬓厮磨不复存在，你们四目相对，只剩下尴尬。你们不愿意交流，甚至懒得吵架。那些细小的伤害横亘在彼此心中，逐渐抹去了爱情的痕迹。

理想的婚姻，不是拿绳子捆住对方。你们应把彼此当作知己、战友和伙伴，互相扶持，互相成全，小心翼翼地呵护爱情，让它在烟火里缓缓落地，这样才能实现共赢。

一旦意识到自己正处于一段垃圾婚姻里，不要犹豫，当断则断。正如《欢乐颂》中曲筱绡所言："我觉得，结婚不是终身大事。一个人学本事，让自己活得开心快乐，才是终身大事。"我们都是为了得到幸福才走入婚姻的围城，别过着过着，就忘了初衷。

婚姻需要经营，但这并不意味着你要承受暴力。遇到一个暴力狂丈夫，请第一时间远离；遇到了令你生不如死的"丧偶式婚姻"，总以孩子还小劝自己忍，尽全力拖，既是对自己的不负责任，也是对孩子的不负责任。

有的女孩因一时冲动陷入了一段糟糕的跨国婚姻，她们往往会因为缺乏相关法律知识让自己陷入被动。涉外离婚虽然程序烦琐，但只要做好万全准备便能化被动为主动。

被一段婚姻毁掉人生是多么不明智的选择。遇到垃圾婚姻，女人及时止损才是对自己最好的交代。只是这条路无比艰辛，唯有竭尽全力为自己争取更多利益，才能熬过黑暗迎来新生。

我看过太多婚姻的不幸，女性对婚姻的误区总让我深深痛心，这本书从女性心理入手，着重分析了爱情、婚姻不可将就的原因；不幸婚姻的残酷真相；婚姻危机的表现；远离垃圾婚姻等多方面的内容，旨在告诉女性朋友们：结婚要慢，找到了那个真正对的人，你们之间的爱将静水流深，蔓延过岁月，不经意间就是一世。离婚却要快刀斩乱麻，不必对过往的失败耿耿于怀，我们要有主动追求生命中的美好的勇气。

最后，我祝愿所有即将迈步婚姻和已经结婚的姐妹们，每一个人都是自己的幸福婚姻管理师，每一个家庭都应幸福美满，细水长流！

目 录
CONTENTS

第一章　不要为结婚而结婚，要为幸福而结婚　　001
1．跟谁结婚都一样？别傻了！　　002
2．世上只有该结婚的感情，没有该结婚的年龄　　005
3．那些闪婚的人，后来都怎么样了？　　009
4．再任性也别拿婚姻做赌注　　012
5．宁愿单身，也不要随便找个人搭伙过日子　　015
6．再恨嫁，也别急着奉子成婚　　020
7．为了爱情而结婚，不要为了结婚而结婚　　024
8．比被逼婚更可怕的是你内心的焦虑　　028

第二章　吃一顿饭都挑食，爱一个人怎么能将就　　033
1．有一种病，叫爱情饥渴症　　034
2．一见钟情，瞬间坠入爱河的感情可靠吗？　　037
3．失恋后，别指望用新恋情来疗愈　　041
4．很快就能轻易爱上一个人，这不是爱，是孤独！　　045

5．确定他是真的爱你 049
6．余生，找一个真正懂你的人在一起 052
7．喜欢你和爱你的区别，别傻傻分不清 056
8．三观不同，就不要硬凑合了 060

第三章 结婚选择对的人，比努力成为对的人更重要 065

1．爱要棋逢对手，势均力敌，婚姻也是如此 066
2．在父母面前没主见的男人，不值得你嫁 070
3．找一个聊得来的人结婚，真好 074
4．嫁一个有上进心的男人，未来才不会后悔 078
5．不要轻易跟你爱上的第一个人结婚 082
6．学历，在爱情中究竟有多重要？ 086
7．嫁给有责任心的男人，就是嫁给幸福 090
8．姑娘，不要嫁给"无底线对你好"的男人 094
9．跟谁在一起舒服就和谁在一起 097

第四章 趁早看清婚姻的真相，以热诚之心去面对 101

1．将婚姻想得过于美好，是很多人都在犯的错 102
2．为什么都说婚姻是爱情的坟墓？ 105
3．婚姻最大的悲哀是失去自我 109
4．第三者并不是真正的爱情杀手 113
5．爱情≠婚姻，只有爱情的婚姻是不够的 118
6．婚姻中缺钱和缺爱，哪个更痛苦？ 122

7. 全职太太是世界上最危险的职业，没有之一　　125

　　8. 如果你们不在同一个层次，距离离婚就不远了　　129

第五章　多一分理性少一分感性，携手前做最后的确认　　133

　　1. 为什么一定要在结婚前去他家里看看？　　134

　　2. 父母反对的婚姻，一定要三思　　138

　　3. 婚前一定擦亮眼睛看清楚　　141

　　4. 现在流行的婚前协议书，来一份！　　144

　　5. 什么情况下，需要去做婚前公证　　148

　　6. 适不适合结婚，婚前一起旅行一次就都明白了　　152

第六章　不断精进爱的能力，婚姻幸福才能不打折　　157

　　1. 爱自己，才是婚姻里最高级的修行　　158

　　2. 重要的是接纳，而非改变　　162

　　3. 亲爱的，有话好好说　　166

　　4. 最棒的感情保鲜剂，是真诚的夸赞　　170

　　5. 想要更好相处，就去深度了解男性的心理诉求　　174

　　6. 婚姻中女人坏一点，会让他更爱你　　178

　　7. 舍弃一点无趣，用风情拴住对方的心　　181

第七章　你的婚姻危机感十足，你意识到了吗　　185

　　1. 过日子不怕吵，不怕闹，就怕不吵不闹　　186

　　2. 他宁愿待在办公室也不肯回家的原因，你知道吗？　　190

3．夫妻之间最可怕的危机，就是信任危机　　　　　　193
4．别让你的婚姻被无效争吵拖垮　　　　　　　　　　196
5．压垮婚姻的，是很多你不以为意的细小伤害　　　　200
6．你有多久没有听到对方的甜言蜜语了　　　　　　　204
7．夫妻感情越来越差，房事的频率就会越来越少　　　207

第八章　幸福婚姻管理，及时止损才算明智　　　　　211

1．对家暴零容忍，是对自己最好的保护　　　　　　　212
2．高考之后的离婚潮：为了孩子选择隐忍值得吗？　　216
3．老公出轨，除了伤心哭闹，别忘了掌握证据　　　　220
4．家庭破裂，该怎么和孩子聊离婚这件事　　　　　　222
5．离婚诉讼七大误区，女人不可以不知道！　　　　　224
6．假离婚弄假成真的悲剧，不只电视上才有　　　　　228
7．离婚协议也会无效，是真的吗？　　　　　　　　　232
8．涉外婚姻，结婚容易离婚难　　　　　　　　　　　236
9．积极争取离婚财产，维护自己的合法权益　　　　　240
10．当男人不再爱你，要保持自己的尊严和风度　　　244

第一章
不要为结婚而结婚，要为幸福而结婚

1. 跟谁结婚都一样？别傻了！

叔本华曾说，监狱里最大的坏处是还有其他犯人，婚姻亦如此，不好的环境，不好的人同样会很容易改变你。

好的婚姻，会让你变得越来越好。坏的婚姻，则会把你变坏。婚姻是一辈子的事情，千万不要因为年龄大了，就对婚姻失去美好的期望，把自己随便交给一个男人。

年龄逐渐变大却一直没有对象，或许你自己还不着急，身边的人倒先急了："都这个年龄了，还挑什么挑？""嫁给谁不都一样？！"我那个相亲N次依然单身，每天遭受轮番逼婚轰炸的表妹，说的一句话很经典。她说："傻子才信跟谁结婚都一样！有的人穿过十八层地狱把你拉回人间，有的人把你从天堂拽入十八层地狱，能一样吗？"

朋友佩华结婚前最大的爱好是逛某宝，每天的空闲时间就用来买买买，信用卡常常被她刷爆。她嫁的老公是个书虫，开始她还埋怨他书呆子。慢慢地，在老公的带领下，她也逐渐喜欢上读书。

每天吃过晚饭，佩华不再刷手机买买买，而是和老公一起窝在沙发上看书。老公会邀请她共读一本书，遇到好的书，两个人还会专门开个小会，聊聊各自的感悟和收获。

结婚三周年的时候，佩华和老公请我们吃饭。看着容光焕发，越来越有气质的佩华，我们都说："佩华，你比以前更漂亮了。"

佩华在老公身边作小鸟依人状，甜蜜地说："这都是因为我嫁了个好老公啊。"然后又补充说："不是都说婚姻有三年之痒嘛？我怎么没觉得，哈哈。"又向单身的我们撒了一把狗粮。

她老公则宠溺地看她一眼，俩人你侬我侬的，简直像在蜜月期。

好的婚姻，会给你一种温暖的，幸福的，又让人积极向上的能量，让你慢慢地变成自己喜欢和想要的样子。

婚姻，拼的就是一种选择。选择的好坏，直接决定你的婚姻质量。你选择什么样的男人，也就意味着你未来的生活是充满阳光还是阴云密布。

电视剧《都挺好》中，三个男人把好好的婚姻搞得满目疮痍。父亲苏大强自私，缺乏责任感，经常挂在嘴边的话就是："我能有什么办法呢？"也许正是他的没担当，才让妻子变得愈加强势。

苏明成从小在母亲的溺爱下长大，生活一直被安排。婚后也不肯长大，没出息，又不想面对现实。

苏明哲太喜欢"打肿脸充胖子",对自己的妻子,根本没有体谅和充满爱意的沟通,连最起码的尊重都缺乏。当他做出回国发展的重大决定时,对老婆只是通知一下,并没有任何的商量:"要么你辞职回国当全职太太,要么我每几个月回来看你一次。"

结婚是两个人的买卖,需要两个旗鼓相当的人一起携手经营。不要再说嫁给谁都一样的傻话。嫁给一个错的男人,他会耗尽你所有的灵气和温柔,到最后满身伤痛,还得强作坚强。

好的婚姻,必定有一个好男人,那个男人担得起责任,扛得住风雨,懂得爱和经营。嫁给好男人,他把你捧在手心,呵护有加。嫁给好男人,他知你冷暖,懂你悲欢。在这样的婚姻里,你笑靥如花,眉舒目展,会越变越好。

2. 世上只有该结婚的感情，没有该结婚的年龄

每年春节回来，公司里的单身女同事都要凑在一起吐槽自己遭遇的各种逼婚情景。短短的假期不是去参加父母安排的花式相亲，就是被七大姑八大姨追着问："有男朋友了没有啊？""打算什么时候结婚啊？""都30岁了，怎么还不找男朋友？""女孩子嫁人要趁早！"

看过一部关于大龄未婚女性面临催婚压力的短片："你又不是个小孩子了，怎么还这么任性！""我死之前你嫁不出去，你爹我都闭不上眼！""你现在就是个大龄剩女，还挑什么挑？""你赚那么多钱有什么用？这么大了还不结婚别人都以为你有病，让我这张老脸往哪儿放？"众说纷纭的背后，是她们迷茫又焦躁的面孔。

上次去医院看住院的爷爷时遇到了这样一件事情：34岁的"剩女"小全，因为母亲生病住院了，被父亲下跪逼婚。整个病房的人都看着，小全很是无奈。

父母给她物色了一个高中毕业的同村小伙子，小全觉得根本不会有共同语言，这样还不如单身，就拒绝了父亲。但是她的父母再三坚持，一定要让她跟小伙子见面，还说她离家远，跟小伙子结婚之后也有人照顾他们俩。

我站在那边看着他们一家人，眼里满含期待的父母，脸上满是无奈的小全，心想小全会向父母妥协吗？妥协后她会得到自己想要的幸福吗？会得到父母期望中的幸福吗？

我一个同学的发小，我没见过她本人，但是同学给我看过照片，长得很漂亮。现在为止已经离过两次婚了，还带着一个孩子。每次都是因为结婚的时候太过草率。

她初中毕业就不读书了，父母劝她赶紧找一个男朋友结婚，不然以后就"不值钱"了。她开始还反抗，后来就麻木了，随便谈了一个男朋友就结婚了。一年不到，因为男方要出去工作而选择离婚。

她以为自己终于自由了，但是她的父母很快就又给她介绍了一个。虽然她离过婚，但是没有孩子，所以男方那边也没说什么。他们认识才几个月就直接结婚了，后来还有了孩子。这段婚姻也只维持了两年。

以后我就再也没听过关于她的消息了。我总在想，结婚这件事真的不是到了年纪就应该去完成的任务，结婚是不能凑合的，也不应该用年龄来划分界限。

然而，在现实生活中，那种"女孩到了年纪就得结婚，否则年龄大了就没人要了"之类的话一直在耳边回响。这让很多女孩在感情上都很焦虑，总是担心自己到了年纪真的嫁不出去。再加上父母的逼迫，她们便闭着眼睛稀里糊涂地结了婚。

记得林志玲在接受采访的时候对自己晚婚的问题给出了这样的答复："世上只有该结婚的感情，没有该结婚的年龄。"2019年6月6日，1974年出生的林志玲终于结婚了，她在微博上发了很长一段文字，说自己永远感谢爱与勇气。

林志玲的故事让我想起那部叫作《胜者为王》的电影，剧中的老父亲端着酒杯，提起心爱的女儿，一脸疼爱："她不应该为父母亲结婚，她不应该在外面听什么风言风语，听多了就想着要结婚。她应该想着跟自己喜欢的人，白头偕老的，去结婚，昂首挺胸的，要特别硬气的，憧憬的，好像赢了一样。有一天就突然带着男方，在我面前指着他跟我说'爸，你看我找到了，就这个人我非他不嫁！'"

老父亲说，这世上从来没有该结婚的年龄，他唯一的希望是女儿能得到幸福，能拥有一个没有遗憾的婚姻，能让自己可以把女儿的手无怨无悔地放在另外一个男人的手里。到了年纪不结婚并不是一种病，希望我们都能抵挡得住不被认同的压力。

我们在遇到很多事情的时候就好像是蒲公英，看似自由自在，其实身不由己。对于爱情，每个人都有不同的定义，一定不要被父母的、亲人的、朋友的想法所左右。要做一棵最有想法的蒲公英。

　　我们来到这世上走一遭，至少要真正爱一回，跟一个真心相爱的人结婚。无论等多久，无论那个人来得早或是晚，都要等下去。世界上没有什么该结婚的年龄，只有该结婚的爱情。

3. 那些闪婚的人，后来都怎么样了？

很多人赞同闪婚，给出的理由是：爱情出现在面前挡也挡不住，就只能结婚。也有很多人尝试了，但是后来他们怎么样了呢？

我在网上搜集了一些闪婚网友们的婚后生活，却发现，结局都不尽如人意。

@悠悠的幽灵：2017年11月份在一个年会上认识，12月底确定关系在一起，新年之后民政局上班了就去领证，2018年七夕的时候离婚。结婚前觉得对方完美无瑕，怎么看都很喜欢，甚至连缺点都觉得很可爱。

结婚后各种分歧，三观根本不合，一点小事都能被无限放大，觉得对方身上没有任何优点。开始吵架，冷战，最后离婚。我奉劝各位，一定要在一起生活一段时间，互相了解之后再考虑结婚。

@大白：我认识的那些闪婚的姑娘，后来差不多都离婚了，我就是其中一个。从相爱到结婚再到离婚，从怦然心动到心如死灰，一共历时十个月。

@去多多：一个美女同事，家庭条件也还不错。她的丈夫当时用很独特的方式向她求婚，然后一周后就登记了。大家都很羡慕她的爱情，可惜婚后生活并不是别人想的那样。她的丈夫不愿意发结婚照片到朋友圈，也从来不做出任何改变，就像自己完全单身，该跟别的女孩暧昧还是暧昧。他这种行为的理由竟然是怕前女友伤心。结婚不久，男方就出轨了，跟前女友。前女友还打电话过来向同事挑衅，最后当然是以离婚收场。

闪婚在很多人眼里是一个很浪漫的词，在他们看来，可以一眼就确定那是可以托付一生的人，是一件很值得羡慕的事。

但是，那些闪婚的人大多是被荷尔蒙一时冲昏了头脑，等到婚姻破碎之后，回过头一想，才知道觉得他好，只不过是因为他身上的某一个优点被自己无限放大，这其实是荷尔蒙对自己使的一个障眼法。

心理学家戴恩·伯恩斯曾经做过一个有趣的实验，给参加试验的人一些人物照片，这些照片被认为有魅力、无魅力和一般魅力三种，让试验者评定几项与外表无关的特征，如婚姻、职业状况、社会和职业上的幸福感，等等。

结果，几乎在所有的特征上，有魅力的人都得到了最高的评价。在生活中，类似这种现象所反映的就是心理学中的"光环效应"，也称"晕轮效应"。晕轮效应最早是由美国著名心理学家爱德华·桑戴克于20世纪20年代提出的。他认为：人们对人的认知和判断往往只从局部出发，扩散而得出整体印象，即以偏概全。

这种晕轮效应有很大的负面作用，在这种心理的驱使下，我们往往很难分辨出好坏。不然怎么会有这样的话："热恋中的人最愚蠢。"

闪婚就像一种糖果，吃进嘴里第一口是甜的，让人回味无穷。但是时间久了，外面的糖衣融化之后就变成了酸的，酸到让你立刻想要将它吐出来。

婚姻绝对不是儿戏，不要贪图一时的刺激而盲目地闯入婚姻围城。闪婚再闪离不仅是对爱情的不负责任，也是对自己的不负责任。

我认为，如果遇到了真正对的那个人，不是非要闪婚才能表达双方的爱意。殊不知细水长流才能地久天长。爱情本就不是快餐，细细品味才能体会到其中的意味深长。

相知和相爱都是一个长期的过程，需要时间来证明两个人都是对的。正如著名主持人马东所言："中国有一个成语叫刻舟求剑，我特别喜欢这个成语，因为我们即便对这个成语再熟悉，我们经常会成为那个人，我们特别容易忘记自己是在一条河上面，我们特别容易记得自己是在一条船上面。"

4. 再任性也别拿婚姻做赌注

有人说婚姻就是一场豪赌，赌赢了，你将一辈子幸福。赌输了，不仅输掉了幸福，连你的整个后半生都会受到影响。所以别轻易拿自己的幸福当赌注。

我的朋友韩朵家境好、长相好、身材好，各方面都很优秀。一次聚会上，她认识了一个男孩，双方聊得很开心，慢慢就成了朋友。

一次韩朵过生日，男孩不知道在哪儿听到了消息，精心准备了一份礼物，还请韩朵吃了顿大餐。韩朵很感动，两个人就这样相爱了。从那以后，两人每天都腻在一起。我们都以为他们一定能修成正果了，结果突然有一天，男孩忽然给韩朵发微信说分手。

韩朵不明白，去公司等他下班，却见他牵着另外一个女孩的手迎面走了过来。面对韩朵的质问，男孩却抱怨韩朵太粘人，心理不成熟。韩朵伤心欲绝，觉得全世界对她都是深深的恶意。

半年过去了，韩朵还是很想念前男友，任我们怎么劝她放下都没有用。后来她给前男友打电话，发现人家早已更换了号码。她忍不住跟前男友的朋友打听，听到的却是前男友要结婚的消息。这个消息如同晴天霹雳一般，韩朵没想到他这么快就要结婚了。她开始疯狂相亲，说也要把自己嫁出去，反正这段恋情已经无法挽回了。我们都不明白，她明明很优秀，为什么要这样轻视自己呢？但是谁也劝不住她。

她想用这样的方式气气前男友，但是那个男人已经不在乎韩朵了，又怎么会关心她结不结婚呢？可是她就是钻了牛角尖。没过多久她就相亲认识了一个也急着结婚的男人，韩朵特意选择和前男友同一天同一家酒店结婚了。结婚之后她才觉得后悔，她根本不爱那个男人，而且也不了解对方，两个人更像是合租的室友。因为一些小事争吵不断，后来两个人就互相讨厌到都不回家，最后还是离婚了，而韩朵至今单身。

歌德曾经说过："婚姻不是我们的全部，但却是我们生活的重要组成部分。它直接影响并决定着我们后半生的命运走势。"真的是这样，你可以放弃一段失败的婚姻，但是你永远也无法将这段婚姻在生命里抹去，它深深地刻在了你的过往里。

婚姻是人生中的一个转折点，千万不要因为一时赌气而赔上自己一生的幸福。婚姻就像下棋一样，一步走错，满盘皆输。或者不管你是因为什么而选择结婚，从你接过玫瑰花，戴上婚戒的那一刻开始，你就要知道，以后你不再是一个人生活。你要认真对待婚姻，认真经营它，把婚姻变好的同时，你自己也在变得更好。

无论如何，我都希望我们的婚姻是出于双方的爱而走在一起，希望每个人都可以嫁给爱情，而不是因为一时赌气或者奉父母之命。

婚姻没有输赢，因为失败的婚姻会对双方都造成伤害。爱情导师黄菡在微博上发表过这样一句话："对于婚姻，不要试图通过'选择'一劳永逸，也不要因为一时一事的不合适就贸然拒绝。"婚姻是需要用心经营的一项事业。

5. 宁愿单身，也不要随便找个人搭伙过日子

一个朋友曾问："如果婚姻的真相只是搭伙过日子，这样的婚姻还有意义吗？"

我没有立即回答，心里想的却是，如果只满足于搭伙过日子，有没有意义都无所谓。如果要求享有彼此间的温情、默契，享有婚姻生活的安全，那就没有意义。

闺蜜相亲完一场之后，跑来征求我的意见："虽然不喜欢他，但他条件真的蛮好……"

我问："有多好？"

闺蜜说："他家有三套房产，父母都是做生意的，不缺钱，他本人985大学毕业，长相虽然不是我喜欢的类型，但是也看得过去……"

最后她总结说："反正结婚就是找个人搭伙过日子，还不如找个条件好点的。"

见她一脸无所谓的样子，我心里莫名生起很多担忧。不少被生活折磨得灰头土脸的女孩，抱着找个条件好的人搭伙过日子的想法将自己轻易交给了有钱的家庭。不为爱情，只为"实用"。她们认为金钱才是婚姻的保障，并不在乎对方的人品等内在品质。

可嫁过去才发现，哪怕对方富得流油，吝啬如葛朗台，不愿意在你身上花一分钱也是枉然。嫁过去才知道，对方可能就是因为你爱慕虚荣，好拿捏才会选择你。

只因过于实用，便变成了功利。明明是一段无比亲密的关系，却走向了"谈感情伤钱"的模式。之前在某论坛上看到一位新手妈妈抱怨，丈夫一直在金钱上和她锱铢必较。她怀孕后辞去了工作，生活捉襟见肘，丈夫却连产检包括生养孩子的钱都要和她AA制。

她痛诉他的自私，他却理直气壮地说："我们之间有感情可言吗？当初你不是为了我的钱、我的家庭背景跟我在一起的吗？"

还有一些女孩单纯为了物质选择了"财貌交易"的婚姻。只是，这种婚姻的保质期能有多长，却说不好。后宫剧里的女人总爱将"以色事人者，色衰则爱驰"这句话挂在嘴边，而现实生活中，那些明码标价的婚姻，往往也会随着女方容貌的衰老走向分崩离析。

记得林夕曾说："很多人结婚只是为了找个跟自己一起看电影的人，而不是能够分享看电影心得的人，如果只是为了找个伴，我不愿意结婚，我自己一个人也能够去看电影。"

婚姻必须以爱情为起始点，才能走得长远。如果你想在一场将就的婚姻里，心如死灰地扮演外人眼里老实本分的妻子或丈夫的形象，那就冲着对方的外在条件去结婚。

如果你想要的是"一生一世一双人"，是"桐花万里路，连朝语不息"，那就等待彼此的感情慢慢水到渠成，等待自己能发自内心地说出"我愿意"的那一天。如果一直遇不到这样的爱情，遇不到对的人，倒不如保持单身。

追看日剧《不结婚》的时候，被女主角千春坚定的态度所打动。她是外人眼中不折不扣的大龄剩女，在母亲的劝说下，她决定去相亲。相亲前一天晚上，她在本子上列出对结婚对象的各类要求，比如对方的家庭背景、学历、身高、相貌等。

见到相亲对象的时候，她的内心波澜不惊。对方性格内敛，工作稳定，待人接物彬彬有礼，条件很是不错。在千春看来，他是个不错的结婚对象，可她就是没有动心的感觉。回去后，她不停问自己："难道自己就这样和另一个人共同生活了？"

后来，千春无意中看到对方的博客，他在博客中写下与千春相亲的感受。这时候，千春才发现，虽然她和相亲对象都觉得对方的条件很不错，但却并没有产生爱情的冲动。

折腾一番后，千春觉得不应该勉强自己。她在内心深处还是期待着一场动人心弦的恋爱，期待和爱的人走入婚姻。所以，她理智地回绝了对方，同时祝愿对方早日找到理想中的爱人。

见过太多搭伙过日子的婚姻，平日寡淡如水，遇到了意外，双方却为了各自的利益吵得不可开交，甚至反目成仇、互相伤害，倒真应了那句话"夫妻本是同林鸟，大难临头各自飞"。

如果免去了意外，果真一生平平安安、"井水不犯河水"地活到老，便能称得上一种幸福吗？未必如此。物质条件是不缺了，精神世界却一片荒芜。没有谁愿意在那名为婚姻的剧本里，演一辈子的独角戏。到那时候，婚姻真的变成了埋葬你一生的坟墓。

婚姻从来不是搭伙过日子，随便找个条件好的人凑合着过，这是对你自己的不负责任，也是对伴侣的不负责任，更是对孩子的不负责任。这样只会让负能量弥漫在这个摇摇欲坠的家庭，让你们背靠着背，一起陷入婚姻的泥潭……

被电影《当哈利遇上莎莉》中，哈利向莎莉的经典告白感动许久：

我爱你在气温二十二摄氏度时还觉得冷；我爱你花一个半小时考虑吃什么，最后只点了一个三明治；我爱你用好像我是一个傻瓜一样的眼神看我时，鼻子上挤出的皱纹；我爱你在与我见面后留在我衣服上的香水味；睡前我最想与之交谈的人是你。

我来这儿并不是因为我寂寞也不是因为今天是除夕；是因为如果你想要与某人共度余生，那么你就会希望余生尽早开始。

能够与爱的人执子之手与子偕老，是这一生中最大的幸运。不要让自己这辈子都在索然无味、一地鸡毛的生活中度过。与其如此，还不如独自优雅。

6. 再恨嫁，也别急着奉子成婚

刷朋友圈的时候，被某相声演员的离婚传闻所吸引。新闻中的男女主角当初奉子结婚，谁料时间才刚刚过去一年，他们的婚姻便走向了尽头。

他们前往民政局办理离婚手续的照片被网友们竞相转载、评论。照片中，女方双目无神、一脸疲惫，与以往光彩照人的模样大相径庭。她神情麻木的样子，看了让人不胜唏嘘。

身边的一个朋友评论说，从男方近半年的微博信息足以看出他们俩的感情端倪，这么长的时间里，男方不断秀女儿的照片，却连一次都没有提到过妻子。朋友撇撇嘴："很明显，他们当初的感情基础根本没有奠定牢固啊，这种奉子结婚的婚姻几乎都走不长。"

不知从何时起，社会上流行起这样一种趋势，结婚不为了爱情，而是为了这冷冰冰的四个字：奉子成婚。殊不知，拿孩子当筹码的婚姻最是脆弱，根本经不起风雨的打击。

其实，很多女孩根本没有做好走进婚姻和成为母亲的准备，这只是因为孩子的意外来临，才过早扮演起了自己并不擅长的角色。当婚姻成为既定事实后，她们才悲哀地发现，被孩子绑架的婚姻并没有原先想象中的美好，反而遍地是坑，处处是泪。

过年回家时听说了这样一个消息，邻居家的女儿晓宁和丈夫离婚，成了单亲妈妈。晓宁的孩子今年5岁，刚结婚时，晓宁也才21岁。是的，她是奉子结婚。

五年前，刚刚知道自己怀上宝宝，晓宁的第一反应不是恐慌，而是喜悦。她和男朋友商量，不如将婚期提前。男朋友却一脸不情愿，毕竟那时候他也才二十出头，不想那么早成家失去自由。晓宁却执意要将孩子生下来。闹腾了一场后，她如愿嫁为人妇。

婚前的晓宁仿佛是一枝温室中长大的花朵，未经世事，单纯美好。谁料婚后不到一年，她便觉得自己的心仿佛苍老了10岁。从生孩子再到养孩子，丈夫像个事不关己的局外人，每天除了打游戏，就是聊微信，还像婚前一样该怎么玩就怎么玩。公婆言辞刻薄，动不动就给她脸色，说风凉话。熬了六年后，她选择带着孩子净身出户。

那一次回家，与晓宁聊了很久。最后，她勉强冲我笑了笑，说："作为单亲妈妈，我真想告诉全天下的女孩，千万不要奉子成婚，这样只会害了自己！"

恋爱中的两人根本未做好准备，便急吼吼地扯证结婚才是导致婚姻失败的元凶。只要你们的感情坚不可摧，结婚是早是迟都无所谓。

如果说奉子成婚是一场赌局，上牌桌前，只有备足了筹码，才不会那么害怕输赢。如果单纯只是为了"两条红杠"而结婚，那么有了孩子后只会激发更大的矛盾，原本阳光明媚的生活乍然只剩下鸡零狗碎，所有委曲求全的日子，你都会懊悔当初做的这个决定。

如果你也面临着奉子成婚的烦恼，不妨先考虑清楚这几个问题：

你们的经济状况足够维持小家庭的稳定吗？足够负担一个孩子的成长吗？父母都想把最好的留给孩子。试问，你们拥有足够的底气吗？如果缺乏经济基础，如何保证孩子的支出和你们的收入成正比？奉子成婚看似容易，但婚后的生活是否能如你所愿，你是否能承担得起孩子的未来，等等，这种种现实的问题，一定要三思而后行。

另外，女孩一定要问问自己，你选择的另一半真的适合结婚吗？有的人将欣赏和感动视为爱情，于是稀里糊涂地结了婚，可婚后才赫然发现他并不是你真正爱的人。

而且，处于热恋中的男女，都会下意识地将自己最好的一面展现给对方，用优点抓住对方的心。可是，如果对他的本性一无所知，婚后他将真实的自己暴露无遗，你还能接受得了吗？你们真的合适吗？没有认清这些问题就仓促进入婚姻，迟早会后悔。

还有一个不容忽视的问题是，你是否对另一半的父母有足够的了解？恋爱是两个人的事，婚姻却是两个家庭的事。在你决定结婚之前，不妨深入考察你和对方父母的生活习惯、三观等是否一致。做足了万无一失的准备，将来才不会为这些问题苦恼。

记得有首歌的歌词是这样的："慢慢和你走在一起，慢慢我想配合你，慢慢把我给你，慢慢喜欢你，慢慢地回忆，慢慢地陪你慢慢地老去。"婚姻的本质是细水长流。和谁一起迈入婚姻，和谁一起生儿育女是人生中最重要的事情之一。

希望你能够选择一个相爱的人白头到老，享受细水长流的爱情，而不是以孩子的名义绑架自己的婚姻，最后却让自己走上单亲妈妈的道路，还给了孩子一个失格的爸爸，及一段挥之不去的成长阴影。

7. 为了爱情而结婚，不要为了结婚而结婚

好友的父母私下里为她安排了一次相亲，虽然心里很排斥，但在父母的责令下，好友还是硬着头皮去了。见到对方后，好友悬在嗓子眼的一颗心落回了肚子里。

那是个相貌清秀、谈吐文雅的男人，全程彬彬有礼。第一次见面，聊天的氛围还算愉快。后来，又有了第二次见面。他们约在一家咖啡厅，在好友毫无准备的情况下，男人拿着一束花出现了。好友颇感惊喜，以为对方要向自己表白，谁料惊喜变成了惊讶，才刚见过两面的男人竟是要向她求婚。当下，她只觉得既震惊又搞笑。

她开玩笑说："你了解我吗，就想跟我结婚。"男人却一脸认真："这不重要，我看你的条件蛮不错。我不想让你为难，老实说，跟我结婚你以后的人生会很轻松。我现在什么都不缺，就缺个人结婚。我们结婚后，我就能毫无顾虑地去做真正想做的事情了。"

她一听就怒了："这是什么话？你的意思是，只要是个差不多

的女人就行？"对方挠挠头："你就挺合适。"好友逼问说："你这是把结婚当成任务咯？"

对方沉默了一会儿说："父母一直催婚，况且我也老大不小了……"没等他说完，好友拎起包就走。事后，她咬牙切齿地说："当时应该泼他一身咖啡再走！"

生活中，无数的过来人嗟叹，婚姻的基础永远只能是爱情。如果双方没有感情基础却贸然走入婚姻，那么这段关系根本经不起打击，就像泡沫一样，一碰就破。

尽管如此，却还是有无数的年轻人前仆后继地冲入冰冷的婚姻殿堂。站在他们身边，与他们一起聆听婚姻誓言的那个人，从头至尾都是最熟悉的陌生人。

之前看芒果台的热播综艺《女儿们的恋爱》，被其中一个片段吸引。节目中请来了一位老师，她说自己年轻时曾因为母亲的一句话"别让我走之前留下遗憾"，而走入一段感情基础并不牢靠的婚姻。而这唯一的一次妥协成了她此生心中最大的痛。

她仓促结婚后，心里始终弥漫着后悔的情绪。生活中仿佛充满了阴霾，她也越来越清楚，她其实并不爱身边的这个男人。这段婚姻最终破裂，她反而长舒一口气。

婚姻其实不是人生的必需品，只有高品质的婚姻才值得你向往与追求。最美好的结婚理由一定是因为爱情。因为爱情携手共进、并肩前行，也是这世上最值得的事情。

年少时，最喜欢看的书是《撒哈拉的故事》，无数次为三毛与荷西的爱情所感动。荷西在西班牙苦苦等待三毛六年，从一个满脸稚嫩的高中生等成了一个"大胡子"。终于有一天，他们再一次相见。阳光钻进百叶窗的缝隙，洒落一地。荷西抱着三毛在阁楼的木地板上不停转圈，他们向对方诉说着离别之苦，吻得深情而陶醉……

有一天，荷西突然问三毛："你要一个赚多少钱的丈夫？"三毛说："看得不顺眼的话，千万富翁也不嫁；看得中意，亿万富翁也嫁。"

荷西很失望："说来说去，你总想嫁有钱的。"三毛重重叹了口气："也有例外的时候。"荷西的眼里燃起亮光："如果跟我呢？"三毛回答："那只要吃得饱的钱。"

荷西故意问："你吃得多吗？"三毛小心回答说："不多，不多，以后还可以少吃点。"这段对话发生不久后，三毛成了荷西的太太，两人的浪漫婚姻就此展开。

三毛想去沙漠，荷西翻山越岭地跟随；三毛深夜写稿，荷西静静待在一旁看书；三毛情绪低落时，他会变着法儿地逗她开心。荷西还努力地学习汉语，对中国菜越来越着迷。

他们那段浪漫的"沙漠婚姻"让无数文艺青年们心生向往，三毛与荷西的人生也因此变得无比璀璨而瑰丽。三毛说，如果当初她没有嫁给爱情，只怕会后悔一辈子。

实在难以想象，两个没有爱的人如何并肩站在一起去面对这个诡谲复杂的世界。光凭理智吗？可惜，一个家庭不光得讲道理讲合作，它更需要浓浓的爱意去浇灌与维系。

为了结婚而结婚的人，后半生很难获得幸福。那一纸契约只能证明你们之间可能彼此需要，而靠这种"需要"维系的婚姻随时会走向崩溃。没有爱作为基础的生活，你们随时都在扮演对方眼中完美的自己，无数的猜忌、防备、欺骗被隐藏其中。

在我看来，"剩男""剩女"的概念实在不值得推广，它会把很多年轻人推进错误的婚姻。而真正幸福的婚姻其实没有特殊的诀窍，就是要选一个对的人。记住，事业选错了，可以从头再来；婚姻选错了，付出的有可能是一生的代价。

命运要掌握在自己的手中，只愿我们的选择不至于让将来的自己后悔，只愿每个人都能怀揣初见之心赢得属于自己的朝朝暮暮，幸福地嫁给爱情。

8. 比被逼婚更可怕的是你内心的焦虑

微博上，一位网友发来私信："毕业以来，每年都要散去不少份子钱。身边的同龄人都结婚了，我却还是孤身一人，每天都焦虑得睡不着觉，我是不是该随便找个人结婚？"

想了很久，我慢慢敲下这些话："结了婚，一切都好了吗？并没有，如果你多留心，会发现失眠、焦虑的不止有你，还有那些仓促闯入婚姻殿堂的小伙伴们。"

越来越感觉到，目前社会整体的婚恋状态是：年轻男女们仿佛都处于一种极端焦虑的氛围中，对爱情、婚姻等话题尤其敏感。然而，焦虑的情绪太容易蒙蔽我们的双眼。

男性为了在婚恋市场中占有一席之地，必须努力地去出人头地。可是，男性压力再大，也比不过女性。毕竟只要是事业有成，男人年龄再大在婚恋方面都不是问题。

而对于女性来说，哪怕她们在职场上创下再多成就，一旦

"剩"下来，都会成为全社会的靶子。从一本书上看到，相亲圈里，公认的女性最佳婚配年龄是23至26岁左右。

这个年龄段的女人无论是外貌还是身体机能都处于巅峰期，在生育上很有优势。超过26岁，就有点晚了。到了30岁，女性再优秀，在婚恋市场中都未必受欢迎。

整个社会谈起"剩女"这个话题，态度都是不友好的。女性成了待价而沽的"物品"，这些都加剧了我们心中的焦虑感。而这种焦虑感比父母的逼婚更可怕。

毕竟来自父母的逼迫，我们懂得反抗，但在这种焦虑感的驱使下，我们明明知道很多事情并不合理，很多选择并不理智，却又无从反抗，反而主动走入陷阱，成为牺牲品。

另一层焦虑感来源于我们的内心。打开朋友圈，好像每个人都过得很幸福。秀恩爱的秀恩爱，晒娃的晒娃，无不父慈子孝，有钱有闲。

再瞧瞧自己，一股失落感油然而生。除了年龄变老，身材变差，样貌变得越来越"油腻"外，见识没高多少，工资没涨多少，生活沉闷得像是一潭死水，看不到丝毫希望。

只是，再焦虑也别随便抓住一个并不了解的人冒冒失失地结婚。好友芷梦前段时间老念叨着要赶快解决人生大事。有天晚上，她喝醉了，哭着对我说："一眨眼毕业六年了，这个世界变化太快了，大家都有了依靠，而我连恋爱都没谈过……"

和她聊了许久，才发现，她焦虑的并不是恋爱、结婚这些事情，最本质的原因在于，她失去了生活的目标。单位里，她老被同事吐槽"这么大人了，啥也不会，心态还这么幼稚"；她感兴趣的，别人却不屑一顾，生活中很难找到知音；她每月拿着几千块钱的工资，想要跳槽，却又舍不得这么稳定的工作；她发现自己有那么多缺点，却不知道该如何去改正……

芷梦下定决心要告别这种糟糕的生活，却将改变人生的希望寄托于婚姻。这种想法无疑很幼稚，难道找个人结了婚，生活便会峰回路转、柳暗花明吗？不，你不改变自己，问题永远得不到解决，反而会越积越多。到那时，你只会越来越痛苦、越来越焦虑。

何况，单身生活遭遇到的问题与婚姻生活中的那些难题、纠纷根本不在一个量级。看清生活的真相后，你会发现一段糟糕的婚姻可能会将你的后半生直接拖入泥潭。

人生中，大部分焦虑都与自己的内心息息相关。白岩松曾说过的一段话也引起了我的思考："时代纷繁复杂，忙碌的人们，终要面对自己的内心，而这种面对，在今天，变得更难，却也更急迫。我们都需要答案。"

缺钱，缺爱，说到底都是焦虑的外化。只因我们再也没办法和自己好好相处，再也找不到明确的生活目标，才会变得如此焦虑、惶恐、患得患失。

记得周国平说过："因为不知道自己要什么，然后看看别人，他有我没有，就焦虑了。一个知道自己要什么的人，他要的一定是符合自己性情、秉性的，追求这些东西，他才会平静、从容。"看到同龄人纷纷结婚、生子，自己也想赶快加入其中，否则便落后了，便被"剩"下了，却从未好好问过自己：仓促结婚真的是你想要的吗？

冰心在一首诗中这样写道："爱在左，情在右，在生命的两旁，随时撒种，随时开花，将这一径长途点缀得花香弥漫，使得穿花拂叶的行人，踏着荆棘，不觉痛苦，有泪可挥，不觉悲凉。"最好的爱情，最完美的婚姻，莫过于此。有情可依，两心辉映。

不要用结婚来解决你的焦虑，先解决你的焦虑，你早晚能等到真正圆满的爱情与婚姻。或者说，找到属于你的爱情前，先找到最好的自己。

你要有单身生活的勇气和底气，努力提升事业，努力发展自己的兴趣爱好，挖掘出生活中更多的美，与自我灵魂深处更有价值的地方。你要找到自己真正向往的，也适合自己的生活和节奏。快一点，慢一点都由你自己掌控，慢慢地，你会发现，那种焦虑感早已消失不见。

当你做到这一切的时候，在不远的将来，甜蜜的爱情必然会不期而至，你也将顺其自然地过渡到人生新的阶段……

第二章
吃一顿饭都挑食,爱一个人怎么能将就

1. 有一种病，叫爱情饥渴症

周末重温了一部电影，《被嫌弃的松子的一生》。松子终生都活在缺爱的恐慌中，于是她疯狂地想要抓住生命中的每一个男人，可至死也未得到过让她心安的爱。

松子的爱情远远称不上山盟海誓、天崩地裂，她在人生的道路上走走停停，迫不及待地用一段又一段接近腐坏的爱情填补自己空虚的内心。于是她爱上了穷困潦倒、不愿自食其力的"准作家"彻也，她爱上了朝三暮四、感情凉薄的已婚男人冈野，她爱上了品行不端、混迹黑帮的混混阿龙……她随随便便就陷入爱情，却爱得无比炽热，倾尽全力。

曾有一个心理学专业毕业的朋友评价说，松子的悲剧皆由一种病态的爱情饥渴症所引起，她沉溺于感情上的痛苦，心智犹如孩童。每一次恋爱的历程，都好比飞蛾扑火。

可是，如果缺乏理性的思考，缺乏等待的耐心，每一道貌似通往幸福的爱情大门，实际上都会让你跌入冰冷、阴暗的深渊。你越是渴望爱，便越容易受伤害。

由此，对爱情饥渴症有了更深的认识。罹患爱情饥渴症的男女，就好像一个饥肠辘辘的人走进琳琅满目的超市，他们迫切地将花花绿绿的食物一股脑扔进购物车，却不在乎那些食物好不好吃，自己能不能够负担得起。被饥饿感冲昏头脑的他们，当下做出的选择一定带有毁灭倾向，等理智回归之后，才发现生活只剩下一地的鸡毛和满心的寂寞。

不知从何时开始，身边的朋友一个个陷入了爱情恐慌。明明从未体验过爱情的滋味，谈起恋爱经验来却头头是道如数家珍；明明生活稳定无忧，却总抱怨自己寂寞空虚，偶然遇到了稍有好感的人便像是打了鸡血般，爱得昏天暗地死去活来。激情过后，结果往往是潦草散场，觉得自己累了，没有力气再爱下去。

作家刘瑜曾以爱情饥渴症为题，写了一篇文章。读罢感悟颇深，俗世间的男男女女，如果是因为对爱情的饥渴而降低恋爱要求，甚至敞开灵魂的大门，来者不拒，到了该放手的时候也舍不得放手，迟早会在爱情这条路上跌撞得头破血流。

患有爱情饥渴症的人表面上看是在寻觅爱情，实际上却是在寻觅一块膏药，能紧紧贴附在横亘灵魂的伤口上。你盼着它能一举消灭伤口周边的细菌、炎症，治愈你所有的恐慌与阴影。问题是，饥饿会蒙蔽你所有的感官认知，所以你总是闭着眼睛在寻找。

你眼看着兜里的粮票就要过期，于是不顾一切地将发霉的包子，烂掉的苹果当成救命的食物。你自以为抓住了治愈灵魂的膏药，结果却往往是一剂致命的毒药。

患有爱情饥渴症的人，总是无条件付出。她们有的极度缺爱，有的缺乏自信，所以她们在爱情里卑微到了极点。来自爱人的关注越少，她们便越是焦虑。可是，那些爱情幸福婚姻美满的女人大多非常自爱，且深谙经营生活的智慧。

爱情饥渴症远远谈不上不治之症。不妨转移爱的对象，由毫无保留地爱他人改为全心全意地爱自己。先学会自爱，才知道如何正确地爱人，才能收获真正值得珍惜的爱情。

饥饿感会麻痹我们的大脑，促使我们做出错误的选择。越是饥不择食，便越有可能错过那原本唾手可得的幸福。所以，当你推着人生的购物车穿越爱情的超市时，一定要更有耐心，更加冷静。无论有多饿，也不要随手抓取食物，更不要还没看清自己抓到的是什么，就迫不及待地往肚子里塞。别为了一时的满足感毁掉对爱情的所有期待。

在这个节奏越来越快的时代，我们更应该放慢脚步，用心去观察生活中的人与事。学会耐心等待，才能抓住真正值得珍惜的爱情。

2. 一见钟情，瞬间坠入爱河的感情可靠吗？

我所见过的最浪漫的一见钟情，发生在民国初年的一条小巷里。贵公子蓦然回头，一抹清冷的身影映入眼帘，年轻女孩手捧一盆百合，笑容温软，目光澄澈。

女孩捧着那盆花，徐徐离去。她瘦弱的背影氤氲在湿漉漉的光影里，像极了一幅写意的水墨画。女孩去得远了，贵公子突然反应过来，立时拔足狂奔。天下起大雨，女孩上了一辆黄包车，贵公子紧追不舍，这是他人生中最热烈的一次悸动，他无论如何都割舍不下。

我所见过的最悲情的一见钟情，亦发生在那对青年男女身上。当爱情变得满目疮痍，一场突如其来的大火将过往的甜蜜、幸福烧得干干净净。已嫁为人妇的女孩带着孩子从此消失在那条小巷，贵公子心灰意冷，远走他乡，了此残生……

每每读罢张恨水的《金粉世家》，内心都唏嘘不已。金燕西和冷清秋的故事让我们看清，一见钟情究竟有多不靠谱。其实，在我看来，一见钟情是客观存在的，好比金燕西第一次见到冷清秋，内心便生起了某些狂热的情愫。可如果将这种情愫理解成爱情，就未免太过于草率了。爱情是深沉的，是复杂的，远远不是一见钟情所能形容的。

曾读过一本名为《女性健康》的杂志，上面有篇文章详细介绍过女性的生理反应。女性如果第一眼见到让自己颇有好感的男人，大脑会立时分泌出大量多巴胺。她还没向对方打招呼，大脑却已经对男人的面部特征、声音等进行了一系列预加工处理。

接下来的5到10分钟里，女性的大脑会不停地向肾上腺发出分泌肾上腺素的信号，她因此不自觉地手心出汗，瞳孔放大，心脏怦怦跳个不停。这就是所谓的一见钟情的过程，伴随着明显的生理反应。有人说，一见钟情带来的兴奋感、新鲜感往往是荷尔蒙分泌的结果。

所以它发生在外貌较好的人之间的概率更高，这就为之后的感情埋下了太多的地雷。之前闺密兴冲冲地来找我，说她对公司里新来的同事一见钟情，问我要不要向对方表白。

她兴高采烈的样子给我留下了深刻的印象。我却满怀忧虑地说："你一直在说，对方长得帅，身材好，却没听你夸他其他的优点，可见你除了外貌，几乎对他一无所知啊。"

在我苦口婆心的劝说下，闺密决定先按捺住自己的爱慕之心，考察一段时间再说。果然，没过多久，她失落地对我吐槽："这厮就是个中央空调啊。之前我见他对我那么温柔，还以为他对我也有好感，这才琢磨着要去表白，谁知道他对谁都一样……"

一见钟情大多是中意对方的颜值，正如小时候看的那部电视剧，太平公主第一次遇见薛绍时，她目不转睛地看着对方的眼眸，如痴如醉："我从未见过如此明亮的面孔……我十四年的生命所孕育的全部向往，终于第一次拥有了一个清晰可见的形象。"

可有句话说得好，"五官正不一定三观齐"。漂亮的外表证明不了什么。一个有颜值的人不一定有内涵。对方的三观及为人处世的方式也不一定符合你的期待，你们可能并不是生活在同一个轨道上的人。所以，在不管不顾地跳入爱河前，多点耐心去考察、去磨合。

更重要的是，一见钟情所带来的激情一旦落地于平凡生活中，便很容易被柴米油盐等琐碎的小事消磨得烟消云散。就算你们暂时收获一个大团圆的结局，也并不一定就能长久地甜蜜下去。如果你追求的是一份稳稳的幸福，就不要那么草率地相信一见钟情式的爱情。

拿金燕西来说，当初他对冷清秋的那份爱意如此强烈。为了获得女孩的芳心，金燕西浪漫到了极致。他以借办诗社的名义租住在冷家隔壁，借此对冷清秋嘘寒问暖，无微不至。他还经常请她去听戏，带她一起郊游踏青。老实说，很少有人抵挡得住这份炙热的情感。冷清秋心里的冰山渐渐融化，她也一头陷入了盲目的爱情中。

这对金童玉女很快便走进了婚姻的殿堂。谁料，婚后的金燕西渐渐从一见钟情式的激情中苏醒过来，慢慢恢复了其纨绔子弟的本性。他很快厌倦了自己的枕边人——当初那抱着百合的深爱的女孩，反而终日流连于外界的莺莺燕燕间，不断寻找刺激……

很多时候，一见钟情不过是合乎眼缘的代名词。可是，第一眼的感觉却并不一定是对的，它需要时间的考验。一见钟情又大多只有三分钟热度，那种心动的感觉绽放时如灿烂的烟花，寂灭时却又如深不见底的黑夜。激情一瞬即散，你很难说这一类的感情是靠谱的。

而真正靠谱的爱情像煲汤，它往往有着一个温和的开始。你抱着宁静的心态，用心头燃起的文火缓慢、持久地"炖煮"着你们之间的感情，默契因此与日俱增。

往后的无尽岁月里，爱情的醇厚香味始终弥漫在你们的一举一动间。如果你也曾试过一见钟情，不妨将它视为一段深厚情感的起点，相信我，后面的路会很长很长。

3. 失恋后，别指望用新恋情来疗愈

大学同学乐韵曾经历过一段刻骨铭心的初恋，结果却是无疾而终。失恋后，她沉溺在痛苦里无法自拔。周围一众好友的安慰、劝解一概失去了作用，以往活蹦乱跳、能吃能睡的小姑娘变得消沉颓丧，瘦骨嶙峋，状态差到极点。

但令大家大跌眼镜的是，某天晚上，乐韵突然挽着一个高大帅气的男生出现在众人面前。事后大家问她是怎么回事，她勉强笑了笑，说："都说时间才能治愈一切，但我等不及了。这个男生追我很久了，也许迅速投入一段新恋情能让我快点好起来。"

我们想说点什么，又不知该如何开口。果然，还不到两个月，乐韵便与新男友分了手。这一次，疼痛来得更为凶猛。乐韵被折磨得痛不欲生……

听过这样一句话，失恋就像一场重感冒，退了烧人才会好起来。面对失恋的痛苦，有的人选择用工作来填满自己，有的人选择

找朋友倾诉，还有一些人选择跃过空窗期，频繁地展开一段又一段新恋情。这种方法虽然能带来一时的好处，长久来看，却是有害无益的。

一段新恋情确实能有效地转移注意力，冲淡我们对前任那种不甘、委屈的情绪。对于焦虑型恋人来说，失恋会让他们的自我评估陷入低谷，新的恋爱关系却能让他拾回一些自尊和自信。可是，这种积极作用很难维持下去，因为新的选择必然会带来很多新的问题。

结束一段爱情后很快进入另一段爱情中，其实是陷入了一种反弹式关系。陷入反弹式关系中的人，除了希望新伴侣能帮助自己疗愈失恋的痛苦外，还渴望弥补失去的时间。你为一段糟糕的感情付出越多的时间和精力，你心里的那份紧迫感就会变得越来越沉重。为了缓解内心的焦虑，失恋后你会不假思索地开展新恋情。

还有的人为了报复前任，随便找个人恋爱、结婚，一方面证明了自己的魅力价值，另一方面也带着某种自毁倾向。可是，既然感情的逝去已成为既定事实，就算我们毁了自己的感情生活，也无法让前任多一点怜惜、后悔，最后痛悔的反而是我们自己。

有时候，我们陷入了一段反弹式关系，明明依偎在新伴侣的身边，心里想的却依旧是前任。我们总是用前任的标准去对待现任，甚至将现代视为替代品，就像那首歌所唱的那样"将两个人的恋爱过成了三个人的阴影"，这不但伤害了自己，也会深深地伤害到别人。

恋爱不够慎重，吃亏的一定是自己。失恋后一定要等自己完全走出了失恋的痛苦，完全恢复了平静而独立的心态后，再去开展新的恋情。这样的你，懂得从过往的失败恋情中汲取经验，增长教训，将其用于今后的恋爱与婚姻中。

如果反弹式关系无法疗愈失恋之痛，那我们又该如何走出失恋的阴影呢？著名的节目主持人窦文涛在节目中分享过他年轻时失恋的故事。那段恋爱发生在大学期间，窦文涛失恋后备受打击，只因这是他人生中第一次陷入爱情。那段时间他过得浑浑噩噩，仿佛活在炼狱里。后来放寒假，为了让自己不那么痛苦，年轻的他选择了一种近乎自虐的方式——徒步行走。他逢山过山、逢水过水，既没有设置目的地，也没有规划明确的路线。找不到旅馆，他就住在热情好客的乡民家里。

他走着走着，竟然走到了湖南，来到了葱葱郁郁的张家界。他走过凤凰古城，最后走到了长沙。他深爱的初恋女友就住在这里，但他没有去见她。

这一段徒步行走的经历让他的心稍稍平静了下来。他安然度过了寒假。开学后，见到初恋女友，窦文涛的心重新陷入了痛苦中，于是他再一次选择了走出去。他去了庐山和黄山。返回学校的那一晚，他站在初恋女友的宿舍楼下，心境慢慢平复下来……

窦文涛并没有快速地走出失恋的痛苦。但随着这两次行走，他慢慢接受了失恋的现实，亦慢慢调整好了状态。可见，及时走出去，对于失恋的他而言是一剂良药。

这让我想到，内心敏感脆弱的人如果无法接受失恋的痛苦，不妨开展一段旅行。去见见这世上不一样的风景，去遇到更多不同的人，就当是对甜蜜或沉重的过往来一次慎重告别。

旅行过程中，将回忆抛之脑后，尽量将所有的心思都放在当下的体验上。当你细心观察着蓝天上的一朵云，耐心感受着一缕拂面凉风时，你的心会获得久违的宁静。

爱情来时，欣然接受；爱情走时，各自安好。不要试图用一段未加思考的新恋情去疗愈过往的伤痛。这既是对自己的轻视，也是对他人的不负责任。

无论有多难，你都要尝试着放下所有的纠结与仇恨，与自己和解，将过往的一切清零。等彻底走出失恋的阴影，心情彻底平复下来，再神清气爽地开始一段新的恋情。

4．很快就能轻易爱上一个人，这不是爱，是孤独！

别人随随便便向你表达了一下关心，你便竹筒倒豆子般将自己的一切和盘托出，这不是坦诚，是孤独。别人偶尔对你示点好，你便不管不顾，深深地陷了进去，这不是爱情，是孤独。爱情哪有那么容易？它不只是一场深厚的缘分，更是一次曲折复杂的修行。

我的发小安雯当初考取了一家偏远县城的公务员，尽管内心直打退堂鼓，最后耐不住家人的劝说，她还是拎着行李硬着头皮去单位报了道。

一开始，安雯还安慰自己："好歹我也是在县城上班，总比那些考到偏远山区的强。"可现实很快便击碎了她的幻想。她的同事都是一些年龄很大的人，同龄人很少。大家聊起天来，共同话题也很少。久而久之，安雯活成了单位里的透明人，平日里总是默默地干活，不发一言。好在单位里有一位师兄，对她颇为照顾，没事就找她聊天。

有一天，安雯突然告诉我，她爱上了那位师兄。我建议她考察一段时间再决定，安雯却颇为委屈地说："你根本不知道我一个人待在这个鬼地方有多孤独。无依无靠的，连一个说知心话的人也找不到。同事大多都成家立业了，只有我一个人还是单身……"

我忍不住说："可那也不是你随随便便找个人谈恋爱的理由啊！"无论我怎么劝说，安雯都听不进去，她义无反顾地和那个男人在一起了。只是，不出几个月她又哭着来找我，说那个男人骗了她，原来他在外地已经有女朋友了，只是为了排遣寂寞才跟她在一起的。

安雯的经历让我心痛。因为孤独而盲目陷入一段感情，根本无法改变孤独的本质。你骗自己说，你不是为了找个人说话才和他在一起，你是真的爱上了他。

可再怎么勉强自己去爱，内心深处始终有一个声音在叫嚣："不，不是的，我并不爱他，我只是太害怕一个人待着！"于是，一个人的孤独彻底变成两个人的孤独。

因为孤独而"爱"上一个人，相处一段时间后，你会发现，眼前的这个人无法满足你的任何需求。他理想中的生活状态，你也给不了。你们在一起，无关爱情，无关默契，更不要提什么未来。每次说"想你"的时候都是敷衍，所有的拥抱、亲吻都像是一场生硬的仪式，认清这些事情后，之后相处的每一分每一秒变得越来越难熬。

如果感情戛然截止，你不会难过，反而长舒一口气，庆幸它终于结束了。冷静下来后，内心却只剩无尽的悔恨：当初为什么要在这样一段感情上浪费时间和精力？

因为孤独，轻易地爱上一个人是愚蠢的。因为孤独，仓促地走入婚姻更是蠢上加蠢。记得2018年，《锵锵三人行》邀来作家冯唐及女星俞飞鸿。节目中，窦文涛和冯唐不停地问俞飞鸿："不结婚不会孤独吗？""你一个人待着会觉得烦吗，会需要跟人吃吃东西聊聊天吗？"

俞飞鸿却淡淡地回答说，如果一个人的精神世界足够富足的话，不需要通过聊天、谈恋爱等方式来释放孤独。她问窦、冯二人："你们有没有觉得，很多夫妻，在一个婚姻里头，可是两个人根本没话讲，那种两个人在一起的孤独，比一个人的孤独更悲伤。"最后总结说："不要因为孤独而结婚，婚姻解救不了孤独的灵魂。"

成长过程中，俞飞鸿从未因为孤独而与世俗妥协。尽管追她的人数不胜数，她却宁愿一个人待着，也不愿意随意用一段鸡肋式的恋情去打发时间，解救无聊。

近些年来，她活得越发自如了。那些独处时光里，她要么读书、看电影，要么背起行囊，去南极看冰川，去漂洋过海感悟另一种人生。她说，当她面朝大海，沐浴着日光时，只觉得孤独也是人生的一种馈赠。虽然她始终相信爱情，却也无比享受这份孤独。

每个人都不得不经历一段孤军奋战的时光。那些无助的时刻，你太渴望有个人能陪在你身边，和你一起去散散步，去海边吹吹风。你受挫的时候，他能给你暖心的拥抱，在你耳边叮咛："一切都会过去，没事的。"你开心的时候，他能由衷地感受到你的快乐，不厌其烦地为你加油鼓掌。可是，这些都只存在于幻想，永远不要因为孤独爱上一个人。

只因爱情治愈不了你的孤独。你要相信，当你练就了一身抵御孤独的本领，美好的爱情自然会不期而至。如果说孤独是一种残缺，就算两个残缺的个体间发生了爱情，这爱情也大多会成为悲剧。记住，爱一个人的前提是，你的内心足够丰盈、充实，你的灵魂足够强大。如果试图用所谓的爱情来填补灵魂深处的空虚，只会让这空虚成倍叠加。

5. 确定他是真的爱你

有读者曾在私信中问我,她和相亲男才刚接触了几次,有一天,对方突然在身后用手臂环抱住她。这个举动让她吓了一跳,她不自然地推开了对方。谁知从那以后,相亲男原本热情的态度一落千丈,微信上爱答不理,即使她主动约过对方一次,也没有得到任何回应。

姑娘一气之下将相亲男的联系方式全部拉黑。我不禁称赞她做得好。恋爱中,女人最重要的是修炼自己的眼光,学会鉴别他究竟是只想和你玩玩,还是真的想和你白头到老。

想要判断对方是不是真的爱你,首先要区分清楚性吸引与爱情分别指的是什么。记得一位心理学专家分析说,性吸引大多由视觉所引起,异性优美的身姿,秀丽的面庞会给予人满心的愉悦感。而爱的复杂程度却是前者远远无法比拟的。爱情包含身体的化学反应,由此产生生理反应后进一步影响人的心理反应。性吸引则大多停留在生理反应阶段。

如果对方纯粹只是被性吸引,他对你的激情经不起任何考验,对你的幻想也很容易破灭。所以很多经历过一夜情的男人,都会在事情发生后逃避应该担负的责任,甚至玩消失。

爱情当然也能让你产生欲望。而爱情激起的火花却是经久不息的,它能令你始终小心翼翼地呵护这段关系。

现实生活中,我曾见过不少女孩在和一个男生发生性关系后,会单方面产生迷恋的心理。她们将男生的花言巧语视为承诺,将男生一时的温柔与眷念视为爱情,还会为对方一系列渣男行为进行辩解、合作和自我欺骗。

可结果往往是,女孩越单纯懦弱,越容易被厌弃、被伤害。当她们扯下眼前玫瑰色的滤镜,下定决心从一段糟糕的感情中抽身而出的时候,才总算看清了对方真正的为人。这个时候,她们的心里只剩下满满的后悔与自责:"我为什么要在垃圾桶里找男人……"

想要判断一个男人是不是真的爱你,不妨从以下几点入手。

1. 看他会不会用实际行动来证明。一个真正在乎你的人,能无微不至地照顾你所有的小细节。他们在意你所有的喜怒哀乐,你的每一个眼神,每一个细微的表情都牵动着他的心。

2. 在你拒绝对方发生关系的请求之后,观察他的表现。身边有位女性朋友对某次旅行中认识的一位男士颇有好感,后来,对方向她表白,他们便确立了恋爱关系。虽然她对这段感情满怀憧憬,却又不确定对方是否出于真心，时常患得患失。

结果，确立关系没多久，男生再三提出去开房的要求。她总觉得双方了解得还不够深入，便一再婉拒。结果对方因此勃然大怒，指责她没有尽到女朋友的责任。身边的朋友知道这件事后，都觉得这个男人不靠谱。在大家的支持下，她快刀斩乱麻地和对方分了手。

曾听陈一筠教授说过这样一句话："爱情是欲望、激情、精神和理智的有机结合，是生理、心理、美德与承诺的完整体验。"是啊，在一段亲密关系里，性吸引真的没有想象中的重要。

真正爱你的人不会为一时的欢愉丢掉长久的幸福。他在意你的感受多过自己的愉悦，他满心牵挂着的是你和他的未来。这样的伴侣，才值得你去爱。

6. 余生，找一个真正懂你的人在一起

有个朋友说："韩剧《请回答1988》中德善和阿泽的爱情让我了解到，真正知心的爱情是什么模样。"其实，一开始追剧的时候，身边一众剧迷都以为女主角德善会和男主角正焕一起度过余生，得知德善的真正归宿时，大家虽然觉得遗憾，却并不意外。

剧中，德善、正焕和阿泽是一起长大的朋友。正焕和德善在朝夕相处间对彼此产生了懵懂的情感。德善对爱情满怀期待，可正焕却一次次令她的期待落空。他不懂她的敏感脆弱，才会在她穿上新礼服、涂着橙色口红的时候，嘲笑她着意打扮的样子"太难看了"；他不懂她的伤心难过，才会在她坐在台阶上痛哭时犹豫不决，迟迟不愿走过去安慰她……

德善是家里的二女儿，从小父母对她比较忽视。她虽然外表乐观活泼，内心深处却极度缺乏安全感。她所认定的爱的方式一定是勇敢的、无所顾忌的。只有无比确信，她才能毫无保留地投入进

去。可正焕永远不明白德善真正的心意。他不敢将圣诞礼物亲手交到她手里。连收到她送的生日礼物，也只将那份开心埋在心里，表面却无比冷淡。

与正焕相比，阿泽似乎永远能听懂德善的心声。阿泽的爱温润，静水无声，却又炙热无比。他敢于在所有人面前承认"我就是喜欢德善"，他会对穿着奇怪服装、化着拙劣妆容的德善说"我觉得很好看"。每当德善伤心时，阿泽都会奇迹般地出现，陪伴她、安慰她。

而阿泽与德善在一起后，也改掉了吃安眠药的习惯。德善懂得身为围棋手的阿泽，究竟背负着多大的压力，所以她不遗余力地带给他温暖和欢乐，从不会为生活中一些琐事去责怪他。往后余生，两个相知相爱的人在一起，有的全都是幸福、甜蜜和默契。

在网上看到这样一句话："相见容易相守难，相爱容易相知难。"漫漫人生路中，最珍贵的不是有人爱你，而是有人真正懂你。他懂你的脆弱，懂你的沉默，懂你内心深处的孤单，和你伪装出来的快乐。正如作家廖一梅所言："人这一辈子，遇到爱，遇到性，都不稀罕，稀罕的是遇到了解。"爱情中，最好的状态莫过于两个字——懂得。

找一个真正懂你的人在一起，谈一场暖到灵魂里的恋爱，你的爱才不会被辜负。徐志摩说："我懂你，就像懂我自己一样深刻。"想要诠释所谓的懂得，往往要花费一辈子的时光。

因为懂得，才会主动去思考你的想法，照顾你的情绪；因为懂得，才知道如何去爱你，如何驱散你眼里的迷雾，如何宽慰你心里的忧伤；因为懂得，才能用行动将"不离不弃"这四个字诠释得淋漓尽致；因为懂得，才会"心有灵犀一点通"，你们不用费心找话题，两个人依偎在一起，什么都不说，就已猜透了彼此的心意……

刷知乎的时候，看到这样一个问题："哪一个瞬间，你觉得这个人特别懂你？"一个个回答翻阅下来，内心感动不已。一位网友说："当我遇到了难题，假装坚强的时候，他会一声不吭地帮我想好解决办法；当我被工作压得喘不过气来，崩溃大哭的时候，他会默默待在我身旁，帮我擦去泪水；当我在别人面前逞强的时候，他看破不说破，永远维护我的自尊……"

另一位网友说："和女朋友一起去逛街，恋爱前花钱大手大脚，最喜欢买衣服、鞋子和包包的她经过专柜时连看不看一眼，问她喜不喜欢，一概说不喜欢，她知道我工资暂时负担不起。谢谢你，接下来我一定会为了你好好加油努力！"

不懂你的人，他说什么都不是你想听的。他看不到你最细微的情绪波动，说出来的话往往与你的真实想法背道而驰；不懂你的人，哪怕是在帮你，也无法给你贴心的感觉。因为他给予的帮助永远是在隔靴搔痒，还洋洋得意，以"恩人""知心人"自居；不懂你的人，明明陪伴在你身边，心却永远和你隔着一层。所谓的貌合神离，说的就是这样的状态。

在新闻上看到，鲸鱼Alice被称为"世界上最孤独的鲸鱼"。它独自游走在漆黑的深海，唱歌的时候没有人能听见，难过的时候也没有人能理解。这是因为Alice的频率高达52赫兹，比正常鲸鱼的频率高出一倍，它永远得不到其他鲸鱼的回应。

世人都怜惜它形单影只，踽踽独行，可Alice却始终在寻找着此生的知音。它穿越太平洋，一路游到大西洋，只为与拥有相同赫兹的鲸群来一场盛大的相会。

我们每个人的灵魂深处都住着一只Alice，纷杂的思绪始终飘荡在浩渺冰冷的深海。我们漂泊一生，无非是为了遇见那个能真正听懂我们灵魂细语的人。

未嫁的你，不要随随便便地将自己托付给别人。去找一个真正懂你的人，他不会在你沉默的时候逼问你"又怎么了"，更不会在你伤心时冷冷丢下一句"你怎么这么玻璃心"。

也许半生走来，你始终无法获得世俗眼里的成功，但他知道你已经足够努力。他愿意做你的依靠，更记得你的初心。往后的漫长岁月，他伴你一起度过……

7. 喜欢你和爱你的区别，别傻傻分不清

办公室里，新来的姑娘总在哼抖音上的热曲："你知道我对你不仅仅是喜欢，你眼中却没有我想要的答案。"听得多了，心里冒出一个想法：如果只是喜欢，称不上爱情。

重温经典美剧《广告狂人》的时候，这种感觉尤为强烈。男主唐·德雷柏半生走来，喜欢过很多女人。端庄秀美的妻，犹记得多年前，他对她一见倾心；浪漫的女画家情人，他们曾共度很多美好时光；风姿绰约的商界知己，如"解语花"般倾听他的心事，安慰他的寂寞⋯⋯

但你能说唐爱上过任何女人吗？七季看下来，我只能说，他对每个女人的感情都只称得上喜欢，却远远算不上爱。实际上，作为精致的利己主义者的唐真正爱的人只有自己。

有首歌这样唱道："只是女人，容易一往情深，总是为情所困，终于越陷越深。"女人一旦陷入了爱情，便失去了以往敏锐的

判断力，分不清男人对自己，究竟是喜欢还是爱。

要知道，他挂在嘴边的所谓喜欢，不一定能发酵成爱。有时候，他向你表白，是出于青春的某种悸动；有时候，他是因为某种感动，是抱着感恩的心理和你在一起；有时候，他只是为了让自己的情感有一个发泄的出口，出于某种满足感才找到你。

你们之间没有魂牵梦绕，没有刻骨铭心，没有生死相依，一切都是淡淡的。可这浅薄的喜欢风一吹就散了，太阳一出来就化了，甚至等不及在岁月的流逝里慢慢变淡。

在网上看到这样一段话："如果你真爱一个人，就要爱他原来的样子。爱他的好，也爱他的坏，绝不能因为爱他，就希望他变成自己所希望的样子。喜欢一个人，是不会有痛苦的。爱一个人，也许有绵长的痛苦，但其中的快乐，也是世上最大的快乐。"

喜欢一个人，你会想靠近他；爱上一个人，你却永远离不开他了。所以，区分喜欢与爱的首要标准莫过于前者能被取代，后者无可替代。

之前休假时，翻开《倚天屠龙记》，从头读到尾，越发认定，张无忌虽性格优柔寡断，也对很多女孩动过心，秀雅清丽的周芷若，温柔可人的小昭，敢爱敢恨的蛛儿，可只有一个人深深扎根在他心里，始终不可取代——灿若玫瑰的敏敏郡主。

他对蛛儿"又怜又惜"，对周芷若"又敬又怕"，可唯有对赵敏才是"又爱又恨"。可见，真正爱你的人，再恨你，也会止不住地爱你。只因他爱的是一个完整的你，包括优点和缺点。

他对别人可能是一份欣赏，可能有过动心，但唯有你能在他心里牢牢占据第一的位置。反过来想，如果他只是喜欢你，不是爱你，你在他心里的位置却随时可能被别人代替。

对电影《后会无期》里的一句台词印象深刻："喜欢是放肆，但爱是克制。"这与作家路遥的那句名言不谋而合："真正的爱情不是利己的，而应该是利他的。"

喜欢一个人，只求此刻拥有，只在乎自己能得到多少，而爱一个人，却能奉献自我，只为成全她的幸福；喜欢一个人，只顾着让自己开心，而爱一个人，却能想方设法地让对方开心；喜欢一个人，会沉溺于自我感动之中，无比心疼自己的那一点点付出，而爱一个人，却能设身处地地为对方考虑，不自以为是，不步步紧逼。喜欢，可能浮于表面，爱却是深入骨髓。

只是喜欢你的人，因为害怕感情落空，在投入感情的时候会有所保留。他们考虑的始终是自己。而真正爱你的人，却会将所有的感情都倾注在你身上，不留后路地爱一场。

喜欢可以花心，而爱却意味着专一。和朋友谈心时，她叹息着说："你有没有发现'我喜欢'这三个字后面可以加很多词汇，我喜欢读书，我喜欢旅行，我喜欢你……"

她顿了顿，又说："可是，'我爱'后面加上别的词语念起来好像都怪怪的，只除了这一句——我爱你。"没有限定的情感诉求，让你的喜欢变得更广泛，让你看起来更花心。而爱这样一个情深意切的词语，却只能在特定环境下被你郑重其事地说出，不得有半点随意。

在我看来，喜欢大多需要理由，喜欢你的美貌，喜欢你的才华，喜欢初见时你清丽的笑容，你轻柔的嗓音。而爱，却大多不需要理由。当你真正爱上一个人，你大多说不清楚究竟爱上了他的哪一点。但爱了就是爱了，关于这份炙热的情感，你无从答疑，旁人也无须追问。

爱情是男女合作的一支探戈。如果你确定他只是喜欢你，而不是爱你。不妨停下这支舞，去找真正对的人。对于你自己而言，也不要让爱变得像喜欢一样那么泛滥。迟早有一天，你梦寐以求的真爱会降临在你面前。只是，在那之前别让自己失去说爱的权利。

8. 三观不同，就不要硬凑合了

你喜欢亮闪闪的钻石，他却不屑一顾，觉得都是C原子组合，钻石与碳也没什么区别；你喜欢安稳的生活，想按照自己的节奏去度过漫漫人生，他却讥讽你胸无大志、不求上进；你生活节俭，能不浪费就不浪费，他却秉持"不求最好只求最贵"……

这世上每天都有大把大把的恋人分道扬镳，很多时候不是因为彼此间没有爱了，而是因为过不下去了。过不下去的原因，在于三观不合。

刷知乎的时候，被一个问题吸引了注意力："三观不同的人能凑合着过一辈子吗？"

一位网友说："三观不同？做朋友都勉强，别说做恋人了。"

另一位网友说："当然不行，除非其中一方无条件地包容、迁就另一方。"

大学毕业后，曾与一对情侣一同租房。让我不胜其扰的是，他们三天一小吵，五天一大吵，几乎没有消停过。彼此之间也没有什么大的矛盾，都是在为一些小事争论不休。

女孩是个典型的文艺女青年，喜静，平时没事"宅"在家里，看看书，喂喂猫。偏偏他的男朋友坚定地认为"生命在于运动"，于是想方设法地拉女朋友出去爬山、游泳、打网球。

陪男朋友去了几次后，女孩不乐意了。有一次他们在网球场大吵了一架，回来后足足冷战了半个月才和好。就此，女孩一到周末铁了心"宅"在家里。本来，你看你的书，我打我的球也能相安无事，偏偏男孩动不动就讽刺女孩懒，爱装样子"假文艺"。

他们吵架的原因还有很多。女孩工作上有了进步，就会给自己买贵一点的包包奖励自己，男生却觉得这属于拜金主义；女孩买了最喜欢的歌手的演唱会门票，男生冷言冷语，觉得花好几千块钱去听一场演唱会实在太划不来；女孩喜欢浪漫，喜欢仪式感，于是常常抱怨男朋友总是忘记她的生日，也不给她准备礼物，男孩却觉得所谓的浪漫就是穷讲究……

后来，他们还是分手了。女孩遗憾地对我说："其实一开始谈恋爱的时候，都会互相迁就对方，时间久了，才发现不合拍就是不合拍，怎么做都没用。"

老一辈的人大多不明白年轻人挂在嘴边的三观究竟指的是什么。在他们看来，只要这个人适合过日子，三观契不契合根本不重要。可有过切身经历的人才明白，三观不合，就好比一根鱼刺卡进喉咙，天长日久的折磨，会令彼此间的爱恋失去最初的颜色。

曾听人说："人与人之间的关系，说到底都是价值观与价值观之间的碰撞。越亲密，便碰撞得越激烈。"如果彼此间节奏一致，无限合拍，自然心生欢喜，感情也得以保鲜；如果两人三观背道而驰，说话、做事永远不在一个频道上，感情便会逐渐走向悲剧。

好的爱情，是彼此商量好了，一起蹚过生活中的浑水。你们达成默契，心照不宣。之前看《杨绛传》，不禁为钱钟书夫妇相濡以沫的爱情所感动。他们读书写作，翻译治学，都是为了陶冶个人情操，满足个人的志愿。他们一辈子淡泊名利、与世无争，都只想过属于自己的平凡美好的小日子。正是因为志趣相投、三观契合，他们才能厮守一生。

看美剧《纸牌屋》，又发现另一种三观一致的爱情。弗兰克和克莱尔这对政治伴侣对权力有着共同的欲望，却对普通的家庭生活毫无兴趣。他们同样行事果断，无所不用其极地追求成功。他们既是政治上的默契同盟，工作上的最佳拍档，又是爱情里的精神伴侣，始终并肩战斗，共同进退。虽然他们之间从不言爱，汹涌的爱意却无处不在。

三观相同的恋人，彼此的朋友圈一定有交集。之前在某论坛上看到有网友抱怨说，男朋友总带她去嘈杂的KTV会友，她尴尬地听着男朋友和那些酒肉朋友喝酒、吹牛，只觉得浑身都不自在。其实，生活在两个世界的人，再怎么凑合也是枉然。

想要知道彼此的三观是否契合，不妨多多观察他的朋友圈。你至少能从中了解到他的生活方式及思想层次，如果你们对彼此的朋友心怀排斥，很难保证感情不出问题。如果你们的朋友圈有所交集，或者完全重合，修成正果的概率便大得多。

三观一致还意味着你们有相同的消费观。谈钱貌似有些庸俗，但无法否认的是，这是婚恋关系中绕不过去的一个话题。消费观相差得太远，感情只会逐渐生隙。

你有没有想过，你和他想要的未来是"差不多"还是"差远了"？这也是考察三观是否一致的重要标准。恋爱、婚姻会把你和他的未来拴在一起。可是"道不同，不相为谋"。如果两个人对未来的想象与期许毫不相同，根本不可能走下去。

遇见一个与自己目标一致、三观相同的人，就像遇见另一个自己，你不需要无止境地妥协，也不需要太多的取悦和迎合，便能得到幸福，但这比中彩票还难。

第三章
结婚选择对的人,比努力成为对的人更重要

1. 爱要棋逢对手，势均力敌，婚姻也是如此

看到跳水皇后郭晶晶生下三胎的新闻，不禁感叹，最高级的爱情果然是棋逢对手，势均力敌。郭晶晶和霍启刚经历了长达八年的异地恋之后，幸福地迈入了婚姻的殿堂。婚后七年，他们夫唱妇随，感情始终甜蜜如初。

霍启刚出生于名门望族，牛津大学毕业，个人阅历及修养让普通人难以望其项背。郭晶晶的优秀也不惶多让，她12岁进国家队，15岁第一次参加奥运会，八年后在雅典奥运会上将两枚金牌收入囊中，27岁又在北京奥运会上勇夺两金……

曾听朋友羡慕地点评说："霍启刚和郭晶晶这段恋情，一个有豪门加持，一个有冠军光环，一个温柔多金，一个大方贤惠，这是什么神仙眷侣啊！"

势均力敌才能成就最牢固的感情，恋爱如此，婚姻更是如此。

你愿意宠着我，我也愿意惯着你。我期待能看到你越来越优秀的样子，却也不会放慢自己的脚步，始终在与你一起成长。我们互相打气，并肩奔跑，精神抖擞地迈入光明的未来。

在我看来，所谓棋逢对手，势均力敌，首先说的是两个人进步的步伐一致。如果一个人拼命向前，另一个人却原地不动，甚至不断退步，两人之间的距离只会变得越来越远。原本和谐的爱情也会因此生出诸多不协调，分离也就成了必然的结局。

所以，千万不要喋喋不休地抱怨："跟他一起的这几年简直是喂了狗，他为什么要辜负我？"也许，辜负你并不是他的本意，只不过是你的成长跟不上他的脚步罢了。

棋逢对手，势均力敌，又意味着两个人的经济、能力等相当。条件不相匹配，层次差得太远，哪怕暂时因为爱情走到了一起，却无法保证你们的感情能得以善终。

曾有一位女性朋友问我，明明与男朋友已经发展到了快结婚的地步，为什么双方父母非要阻拦不休？我思考良久，反问说："是不是因为你们的条件在亲友眼中真的太不般配？"

父母、亲人不过是担心各方面条件悬殊的你们，在被生活耗尽了激情后，再无余力去维持感情生活的平衡，一旦意外骤然来临，伤害会来得更汹涌、更猛烈……

几个朋友闲聊的时候，谈起韩国三星总裁的女儿李富真失败的婚姻，大家一致指出："如果夫妻间各方面的差距过大，门不当户不对，这段婚姻便只剩下折磨。"

　　李富真的前夫任佑宰是三星集团的一个保安。当年，李富真嫁给对方时，是一个爱做梦爱幻想的少女。多年后，她的认知水平和思想境界早已不可同日而语。

　　事业上，她极其努力，将一个小小的新罗酒店打理得风生水起，并一跃成为韩国女首富。生活中，她品味高雅，气质绝佳，听其谈吐便知她是一个精神富裕的人。

　　反观她的前夫任佑宰，思想贫瘠，谈吐浅薄。资质平庸也就罢了，还拒绝成长和进步。因为丈夫的文化水平太低，李富真便劝说他去美国学习。可到了美国后，任佑宰还是和以前一样不求上进，终日懒散。于是，待在美国那么久，他连英语都没学会几句。

　　生活中，任佑宰有个酗酒的毛病，喝多了就肆无忌惮地耍酒疯，还对妻子进行家暴。哪怕在妻子怀孕的情况下，任佑宰都是一不高兴就对她拳脚相向。

　　棋逢对手，势均力敌，更表明，你们爱的能量相当。爱情里，最怕的是低到尘埃里。你爱得太满，对方的爱却不及你的一半，你们之间的吸引力只会渐渐归零。

　　《月亮与六便士》中，施特略夫与勃朗什之间的爱恨纠葛给我留下了深刻的印象。勃朗什原本在罗马一个贵族家里担任家庭教师，她与这家的少爷产生了一段私密的感情。这段感情被撞破后，怀孕的勃朗什被主人无情地赶出家门，万念俱灰的她一心求死。

结婚选择对的人，比努力成为对的人更重要 / 第三章

画家施特略夫的出现令勃朗什的人生就此柳暗花明。施特略夫疯狂地爱上了勃朗什，在他的热烈追求下，勃朗什最终答应了施特略夫的求婚。婚后，施特略夫对勃朗什堪称百依百顺。而勃朗什却始终郁郁寡欢，"她的安详沉默就像笼罩着暴风雨侵袭后的岛屿上的凄清宁静。她有时显出了快活的笑脸也是绝望中的强颜欢笑"。

当男主人公思特里克兰德闯入施特略夫夫妇的生活时，原本就不甚牢靠的婚姻越发摇摇欲坠。哪怕勃朗什背叛了丈夫，投入了思特里克兰德的怀抱，施特略夫却始终爱得炙热。

他卑微地说："我知道她不像我爱她那样爱我。这是很自然的，不是吗？但是她允许我爱她，这样我就觉得幸福了。"然而，这份低到尘埃里的爱情最终的结局令人嗟叹。

棋逢对手的爱情，一定是三观吻合、价值观相同的人。最令人羡慕的婚姻状态就是：你若去讨饭，我是为你拿打狗棒的人；你若权倾天下，我能为你策马疆场；你若柴米油盐，我必挑水浇园……

志趣相投、相互扶持的感情浓烈似酒，暖心暖胃，回味绵长；又清冽得像水，始终荡涤着两个人的灵魂。你们愿意在奔往未来的路上做彼此心灵的伴侣，一起写下爱情的圆满。

对待婚姻，不要仓促，不能草率。与对的人一起迈入婚姻殿堂，几乎能决定我们此生的幸福。而一份对的感情，一定缺少不了棋逢对手、势均力敌的博弈。

2. 在父母面前没主见的男人，不值得你嫁

前段时间，一封母亲写给26岁儿子的信引来很多网友的热评。原来，这个年轻人向父母提出为自己买房的要求，说是方便他以后交女朋友。

母亲痛快地回绝了他，并在信中这样写道："在我看来，26岁的你需要独自承担一些事情，而不是像小时候的你一样，只要哭一下，说一声，就能得到自己想要的。妈妈只是希望你能明白，你终归要自己飞翔的，而我和你爸爸只是你坚强的后盾……"

读罢信，除了感叹这位母亲三观正之外，信下面的评论更引起了我的注意。一位女网友说："有这样的母亲，就不会教育出那种令人避之唯恐不及的'妈宝男'。"

女人最怕嫁给一个"妈宝男"，这样的伴侣往往没有自己的主见，他们生活中大小事情大多听从父母的安排，对父母言听计从。而那种只懂索取不懂回报的"巨婴男"，则比"妈宝男"更可怕。

他们浑身长满了懒骨，任性幼稚，空有成人的皮囊，智商不过与孩童相当。

婚姻，应该是两个独立的成年人组成新的家庭，携手抵抗风雨。如果你所选择的结婚对象缺乏独立意识，物质上依赖父母，宁愿月月啃老也不主动去打拼奋斗；精神上毫无主见，永远活在父母的羽翼之下，那么迟早有一天，你会被这段亲密关系拖入深渊。

《北京女子图鉴》一度成为我的下饭剧，女主角陈可从小地方来到北京奋斗，一路磕磕绊绊，终于在三十而立那年将自己嫁了出去。她嫁给了一个北京人，名叫何志。同事对此都很羡慕，毕竟所有的北漂大龄女青年，都无比渴望能在这座繁华的都市里找到心灵的归宿。

一开始，陈可也很满足，可等她看清了这段婚姻的真相后，心里却只剩下苦涩。何志在事业上毫无追求，下班后要么打游戏，要么和朋友组局打麻将，看得陈可嫌弃不已。生活中，他不会交电费，不会削苹果，凡事听从父母的安排与意见，是个不折不扣的"妈宝男"。

何母强势，总觉得陈可是个外地人，配不上自己的宝贝儿子，于是处处提防着儿媳。平时一家人聊天，何母提起陈可，言语间总是带着浓浓的戒备与敌意。

原本因为诸多现实问题，陈可与何志之间的矛盾已经不断在升级，而越来越紧张的婆媳关系，又成为压垮这段婚姻的最后一根稻草。最后，陈可带着一身伤，决绝地离开了何志……

"妈宝男""巨婴男"自以为孝顺，实则是愚孝。他们通常做事犹豫不决，又很难坚定立场。追看爆火剧《知否知否应是绿肥红瘦》时，剧中的齐衡与明兰心心相印，私自定下爱情盟约。

"你若不负我，我定不负你"，此话言犹在耳，可面对母亲的强势阻拦，齐衡还是败下阵来。尽管满心的不乐意，他还是按照母亲的安排另娶他人，就此辜负了明兰。

更可悲的是，有一类"妈宝男""巨婴男"生活完全不能自理。高中时的好朋友雨萌去年相亲成功，不久便走入婚姻的殿堂。她的丈夫是独生子，从小娇生惯养，简直是十指不沾阳春水。婚前，他妈凡事宠着他，事无巨细地伺候，生怕他没吃饱、没穿暖。

婚后，他还想要这样的待遇。吃完饭丢下碗就去打游戏，周末赖在沙发上玩手机，让倒垃圾都不肯，自己的臭袜子也不愿意洗。于是，雨萌上了一天班回来，不光要拖着疲累的身躯忙着洗衣做饭，里里外外地打扫，丈夫不开心了还得安抚他的情绪。

雨萌跟我吐槽说："你知道他是怎么说的吗？他说，你诚心气我是不是？你看我不高兴就不能哄哄我？我每次不高兴我妈都一边抱着我一边哄我！你看看这是一个30岁的大老爷们说出来的话吗？我简直是脑子进水嫁了这么一个货！"

在"妈宝男""巨婴男"眼里，婚姻不是与深爱的人共度一生，而是为自己再找个"妈"，无条件地哄着自己、宠着自己。更可怕的是，他永远不会成为你背后的男人，为你遮风挡雨，在你绝望无助的时候给予你强有力的支撑。因为他早已习惯了"躺着"索取。

其实，他值不值得你托付终身，从他第一次带你回家见家长，便有了答案。见家长是一个双向选择的过程，对方父母在打量你，考验你，你也可借此看清一些事实。

你要看男朋友会不会在父母面前维护你，在细节上照顾你，明里暗里替你说好话。如果对方父母一个劲儿地刁难你，他却一言不发，甚至向着自己的父母说话，至少能说明一些问题。你还要注意观察他对父母的态度，是否是一个正常成年人该有的态度。

一个男人有没有主见，平时可能不大能看出来。而当他们与父母相处的时候，就会立马显露无遗。你要看他的父母是不是对他嘘寒问暖，或过于严厉，总将他当孩子一样看待，他又会给予怎样的回应。如果他像个巨婴一般乖乖听话，那么你就得好好考虑这段关系了。

从始至终，幸福与不幸福的选择，都掌握在你自己的手中。结婚之前，一定要好好思量清楚，想想对方是否拥有独立的人格，能否与你恩爱幸福地走下去。

3. 找一个聊得来的人结婚，真好

还记得电影《一句顶万句》中有这样一个情节：

早上8点，婚姻登记处门口排成了一条长龙。一对夫妻表情淡漠地来到登记员面前，登记员问："你们为什么离婚啊？"夫妻异口同声地说："我们说不着。"

办完这一对的离婚手续。登记员又问下一对："你们为什么结婚啊？"这对年轻夫妻双双眼眸中绽放出异样的光芒，他们兴奋地说："我们说得着！"

这又让我想起曾看过的某个综艺节目上的一个片段。主持人问某资深演员："40岁了怎么还不结婚？"对方说："没遇到合适的。"主持人又问："你到底想找个什么样的女孩？"

对方低头思忖了一会，说："就想找个随时可以说话的人。"主持人笑了，表示这很容易。

演员摇摇头，认真地说："不容易。比如你半夜里想到什么了，你叫她，她就会说，几点了？多困啊！明天再说吧！你立刻就没有兴趣了。有些话，有些时候，对有些人，你想一想，就不想说了。找到一个你想跟她说、能跟她说的人，不容易。"

结婚，最好找一个聊得来的伴儿。开心的时候有人分享，让快乐成倍增长；难过的时候有人分担，让痛苦减半。其实，人生无非就是一个体验的过程。再优秀抑或平凡的人，如果身边没有一个谈得来的爱人，哪怕成了家，有了名义上的伴侣，也只会比单身时更孤独。

"聊得来"三个字说起来简单，可是，想要找到一个真正聊得来的伴侣却很难。不知道你有没有经历过这些艰难时刻：对方滔滔不绝地说着某件事，兴致十足，你却毫无兴趣，倍感折磨；你兴致勃勃地抛出一个梗，对方却毫无反应，隔了五分钟后，回应了一个"哦"；你已经在说下一个话题了，他却还在上一个话题里打转，始终跟不上你的思路……

每次和这样的人聊完天，内心都沉重无比，仿佛苍老了十岁。而和真正聊得来的人在一起，日子却过得轻松畅快得多。他总能秒懂你的心意，并迅速做出回应。跟他在一起，你愿意向他分享关于你的一切，却不用担心他跟不上你的节奏。

你们热情洋溢地讨论热播电视剧里的情节，哪怕偶尔会因为观点不一吵得热火朝天，心与心却始终贴近。你们会在手拉手穿过热闹的街市时，依据所见所闻聊起一个又一个新鲜的话题。你们能天南地北地胡扯吹牛侃大山;也能拥在一起谈谈家常事,说说心里话。

朋友曾向我推荐一部经典的爱情电影,它没有神乎其神的特效,也没有惊险刺激的大场面,可我却看了好几遍,并为剧中的氛围着迷不已。其实,电影的剧情很简单,差不多都是男女主角的日常聊天,他们从爱情的本质谈到生死的定义,从诗歌瑰丽的意象谈到教育观、宿命论及宗教信仰。从第一次见面起,他们就特别能理解也知道如何满足对方的倾诉欲望。

聊着聊着,他们告别了青涩美好的青年时代,就此迈入成熟稳重的中年时代,慢慢地,又迎来了平静无波的老年生活。可无论世事如何变迁,他们始终有聊不完的话题。

和一个聊不来的人过日子,灵魂仿佛被关在监狱里,你逃不掉,释放出再多的求救信号也无人能接收到,最后只能认命,慢慢煎熬到老。而幸福,是用说不完的话题填满所有携手共度的细碎时光,从渺远的海洋宇宙到身边的稀松日常,每一句话听起来都像是情话。

办公室里的前辈告诉我:"去餐馆吃饭,那些时不时交头接耳、聊个没完的大多是热恋中的情侣,那些自顾自吃饭、玩手机,全程毫无交流的一定是老夫老妻。"

她叹道:"年轻时,我和我前夫特别喜欢凑在一块聊天,他一说起小时候去河边钓鱼抓青蛙的往事就特别起劲,我也总是听得津津有味。可不知道从什么时候开始，我不再有耐心听，他也没兴致说了。好像我们感情变淡就是从那时候开始的……"

我琢磨着她话里的意味，突然明白，一时聊得来，不代表一辈子都聊得来。在恋爱的最初阶段，一切都那么新鲜，你们有说不完的话题。等对彼此熟得不能再熟之后，却失去了聊天的兴趣。这只能说明，对方其实并不是一个真正聊得来的伴侣。

真正聊得来的人，哪怕你说的是他完全不感兴趣的话题，他也能耐着性子听下去。哪怕过了恋爱的新鲜期，他也愿意陪你天南地北地瞎聊，并乐此不疲地去挖掘新的话题。

这世上一定有一个人，能和你开开心心地聊上一辈子，照单全收你的牢骚、抱怨、唠叨，并甘之如饴。

时光荏苒，总有一天你们会两鬓斑斑。可在那浩瀚的精神世界里，你们的心无限贴近，且永远保持着年轻的姿态。那些温润的爱意，静静流淌在彼此的灵魂深处，令岁月温暖如初见……

4. 嫁一个有上进心的男人，未来才不会后悔

前两天看了香港作家黄碧云的作品《盛世恋》。小说中，发生在方国楚和程书静这对夫妇身上的婚姻悲剧令我的心情久久难以平静。

方国楚本是程书静的论文导师，他们有着琼瑶式一见钟情的初遇。之后很快便立下了结婚的誓约。然而，婚后程书静蓦然发现，她与丈夫之间最大的问题并不是年龄差距，而在于，她永远在向前看，而方国楚却沉浸在过去里，彻底失去了前行的动力。

"一个月下来，方国楚觉得光景无聊，竟渐渐发起胖来。真的，博士学位拿过了，教职谋到手，三年拼命做研究的试用期也过了。现在……连婚也结了，方国楚更是百无聊赖，唯一可做的便是发胖，下课的时候喝一瓶大啤酒。"读着这样的句子，内心颇感荒凉。

方国楚之后的人生里，再无追求与理想，而程书静的人生却才

刚刚开始。最后，她终于意识到，原本以为结婚能带给她幸福，事实却是，她错嫁给了一个年轻的老人。

彼时的方国楚，不过30余岁，他在人生中最该拼搏奋斗的阶段，生生将自己活成了一个"老迈之人"。眼瞧着丈夫丢掉所有的进取心，只满足于眼前的安稳，书静满心苦楚。纠结到最后，书静黯然告别了这段婚姻，走向了属于她自己的未来……

还记得一个朋友说："没有上进心的男人，哪怕你再爱他也不能嫁给他，否则这辈子都是个劳碌命。"《盛世恋》中的方国楚好歹是在拿到博士学位，工作稳定之后才抛弃理想，过起了舒服日子。讽刺的是，现实生活中，很多人明明一无所有，却甘愿做一条咸鱼，他们习惯了"三天打鱼，两天晒网"的日子，你稍有怨言，就怪你虚荣、物质。

遇上了这样的男人，一定要及时抽身而出。不要因为他对你的好，任由自己陷入这段无望的恋情。更别想着充当任何人的救世主，你唯一能拯救的，是你自己的人生。

老实说，如果他的生活习惯不太好，你可以慢慢帮他改变；如果他的性格比较冲动，你们之间可以慢慢磨合；如果他很穷，只要积极进取，早晚有一天能给你想要的未来。可是，如果他活得麻木不仁，在他产生强烈的站起来的欲望之前，你无论如何也帮不了他。

在蔡康永的微博上看到这样一句话："仅仅是维持现状，也需要上进心。"多少人因为满足于现有的生活，将读书时代的斗志、勤奋丢到了爪哇国，结果活得越来越窝囊。

前两天，班级群里都在讨论一件事，班花冯莹离婚了。将群里的信息翻看半天，才知道事情的原委。冯莹和丈夫在同一家国企工作，工资虽然不太高，好在工作稳定，几乎无压力。那几年，他们一放假就开着车去各大旅游景点打卡，日子过得悠闲又自在。

可当孩子出生后，一切都变了。生养孩子的花销太大，他们没有存款，光靠那点工资还房贷、车贷，日子过得捉襟见肘。于是小两口还得靠着双方父母的接济，才能维持生活。冯莹受不了这样的日子，出了月子后便将孩子托付给公公婆婆，重返职场。

她越来越努力、上进，丈夫却总在拖她的后腿。下班后，她一边带孩子，一边抱着专业书啃，一心想要提升工作技能。丈夫却不顾她的埋怨，终日沉迷在网络游戏之中。

后来，他们工作的国企由于转型，开始裁人。冯莹夫妻俩先后被辞退。因为平日的积累，冯莹很快就找到了一份高薪的工作，丈夫失业后却在家里待了大半年，迟迟不愿意出去找工作。他每天打游戏到凌晨，白天就蒙头睡觉，过得颓废至极。

冯莹每次怨责他，他都是一面保证自己会改，一面又将承诺当作耳边风。大吵几次之后，他变得越来越厚脸皮。冯莹越来越失望，索性主动结束了这段糟心的婚姻。

毫无上进心的男人，贪图享受、怕吃苦。他们对未来没有规划，过了今天就不想明天；对待生活只求安稳，经不起太大的挫折与磨难，一件小事便足以击垮他们的意志。

毫无上进心的男人总将爱情、婚姻当成艰苦生活的避风港，蜷缩在短暂的温馨里，盼着女人给他们遮风挡雨，为他们营造幸福安康的环境。却忘了当初言之凿凿的承诺，忘了爱从来是两个人的付出与进步。这样的男人，不配得到爱情。

记住，感情从来不是扶贫，不是你用单方面的牺牲去纵容他的懒惰，去成全他的不求上进。越多的贴补，只会带来而更多的失望。这样的他，不值得你付出真心。

而嫁给一个有上进心的男人，即使身处寒冬，你也能从他身上感受到夏天一般的激情。他的笑容如此灿烂，他对生活满怀热爱的样子如此迷人，他带给你的一切都温暖、触动人心。嫁给一个有上进心的男人，你的眼里从此写满了期待，你们的未来也会有无数种可能。

5. 不要轻易跟你爱上的第一个人结婚

曾看过一本叫作《生命的留言》的书，作者是一位罹患癌症的父亲。他在书中这样写道："希望女儿长大后不要嫁给初恋情人。"理由很简单："谁看见过一棵树最早长出来的是好果子？"我不禁陷入了深思，生命中的过客往往是那个最先出现的人。

安妮宝贝曾说："每个男人的最初，都会有一个樱花般的女子，飘落在生命里，注定颓败。"初恋像是绽放在寂静深夜的昙花，美得脆弱，又动人心魄。这种美难以长久地保持，总是一瞬即逝。也正因为如此，初恋的美好得以始终留在我们内心最柔软的地方。

初恋也许曾让你陷入甜蜜的浪漫，又让你变得情绪不稳定，忧郁而轻狂。他曾是你心里最美好的风景，让你长久地惆怅和追忆，却不是你相伴一生的最好选择。

杨绛曾问钱锺书，写《围城》这本小说的时候，为什么不让唐小姐和方鸿渐水到渠成地走到最后，却送来了孙小姐呢？唐小姐是方鸿渐的初恋，她是个温婉可爱又颇有灵气的女孩，这份感情曾让方鸿渐魂牵梦绕，刻骨铭心。

然而，方鸿渐最后还是和唐小姐分道扬镳，阴差阳错地与孙小姐走入婚姻的围城。婚后，这对夫妇各种争执、计较，感情越来越坏，日子过得一地鸡毛。

杨绛说，也许是钱锺书不忍将唐小姐这么可爱的女孩送入婚姻的围城。揣摩她的话，又看出另外一层意思，钱老如此聪明智慧、洞悉人性，又如何不知方鸿渐如果和唐小姐修成正果，只怕他们的结局会比书中描述的这段婚姻来得更为残酷。

女人，最好不要选第一个心动的人。初恋有多美好，就有多脆弱。初恋总在特定的时刻定格，变成一副唯美的老照片，在记忆里泛黄。现实会将你们残忍地分隔两地，等多年后重逢相守，你们实打实地过起了日子，却蓦然发现，彼此都不再是当年的模样。

也许，你们爱的是初恋的感觉，而不一定是面前的这个人。你们总忘不了初恋情人，是因为内心深处总怀着深切的遗憾，从来没有真正放下过这段情感。你们以回忆为摹本，不断丰满、拔高初恋的形象。可一旦给你们再一次相恋的机会，结局往往令人失望。

有的女人一心想嫁给初恋，真正尝试过之后才发现，初恋的美实在难以抵抗现实的摧残。这份情感无比单纯，可是过于单纯的事物往往经不起时间的考验。它无比干净，不掺杂功利欲望，但毫无功利心的婚姻却很容易在柴米油盐酱醋茶的磋磨中变得摇摇欲坠。

婚姻说到底是两个人一起过日子，如果无法解决最基本的生存问题，只靠情感来维系，明显是不现实的。而且初恋男女之间的差异与矛盾，一言两语也无法说清。

同事嫣然曾有一段人人称羡的婚姻，最终却毁在了她的出轨上。事情还得从三年前说起，那一次的同学聚会上，她遇见了高中时的初恋。当彼此的眼神交汇，他们的脸上都突然泛起浅浅的笑容。那一瞬间，她觉得自己仿佛回到了热血而敏感的少年时代。

散场后，他们互加微信，一直聊到深夜。许多往事涌上心头，历历在目。得知对方还未结婚，嫣然忍不住约他出来见面。从此一发不可收拾，嫣然只觉得自己再次陷入了甜蜜的恋爱。可是，这段恋情还是被丈夫发现了，他给了嫣然两种选择：要么离婚，要么和初恋永远断绝联系。嫣然果断选择了前者，不料竟为此付出了巨大的代价。

与前夫离婚后，她很快和初恋走进了婚姻的殿堂。不过，当他们全身心融入彼此的生活时，日子渐渐变得面目全非。嫣然发现，真实的他根本不是她想象中的样子。

她以为他温柔、开明，谁知他文秀的外表下竟藏着一个强势的灵魂。他频频插手她的工作，框定她的未来，甚至限制她只能和什么样的人交朋友。为了成为他眼里的贤妻良母，她割舍了唱歌、旅行等种种爱好，每天活得憋屈无比，可他还是一言不合便给她脸色看。

更可怕的是，初恋动不动就提起她当初出轨的事情，却无视她的牺牲与付出。她因为自己确实有人格上的污点，始终不敢反唇相讥。慢慢地，她越来越害怕回家，一看到他的身影，便无比压抑。不出两年，嫣然再一次离了婚……

记得曾看过一个综艺节目，一位痴情大姐二十年不婚，只为嫁给初恋男子。当时看的时候，非常感动，也很佩服她的勇气。如今却觉得，嫁给初恋很多时候是一种执念。把所有的感情乃至一生的幸福都寄托在那份虚无缥缈的感情上，失败的概率太高了。

当然，这不是说所有的初恋走入婚姻都会变成悲剧。只是，珍惜眼前人，活在当下，才是明智之举。所以，不要再幻想初恋的他比现任优秀、体贴多少，也不要再幻想当初如果紧紧抓住那份爱如今会有所不同。不要试图改变这个遗憾的结局，远远地看着它就好了，不要轻易触碰。就把这份情愫当成美丽的肥皂泡，不靠近它，才是最美好的。

6. 学历，在爱情中究竟有多重要？

职场中学历的重要性不言而喻，那在婚恋关系中学历是否重要？

拿这个问题去问身边的朋友，得到的答案如下：

"当然很重要，一个初中毕业，一个出国留学，在一起真的很难找到共同话题！"

"虽然说找结婚对象不能只看学历，但学历能反映的问题太多了。他的学识能力、思维方式、家庭背景、是否上进，等等，学历是真的很重要。"

"要是恋爱双方学历和工资不对等，相处中慢慢就会出现很多矛盾。特别是在女生学历或工资比男方高的情况下，就算你不介意，对方心里却一定会有很多想法。"

…………

看过很多创业大佬在各种场合演讲的视频，大佬们反复强调说，他们公司注重的是能力，只要有能力一切皆有可能。一开始，我还会为大佬们诚挚的发言所感动，可打开任何一家公司的官网，都会发现招聘要求中学历依旧是最难跨越的门槛之一。

一位资深HR朋友对我说，在企业招聘的诸多条件中，虽然不能说学历是最重要的一个，但它是最显性、最容易筛选的一个。表面上看，那只是一张薄薄的纸，只是一个称谓，可它背后却凝聚着很多真相。所以说，女孩子在爱情中注重学历称不上现实、势利眼，反而是一种对自己负责的态度。面对决定后半生幸福的婚姻大事，我们都该慎重一点。

正在上大学的表妹前段时间遭遇了一段失败的网恋。对方在某公司做底层销售的工作，第一次与他见面时，表妹觉得他仪表堂堂、幽默风趣，不由得一见倾心。男方对表妹也很满意，他们很快便确定了情侣关系。可随着相处的深入，表妹越来越不满意。

虽然他们的共同爱好很多，比如都喜欢看电影、运动和旅行，但表妹老觉得他们的思维不在一个频道上。她越来越觉得男朋友仿佛是一个单细胞生物，看事情只看表面，却懒得思索背后的深层次原因，导致说出来的话片面又偏激。

男朋友高中没念完便出来闯荡社会，本来表妹不算太介意这一点，可她发现，男朋友所在的圈子都是学历较低、眼皮子较浅的一群人。每当他们凑在一块喝酒撸串说笑话，表妹简直想捂住耳朵，只觉得他们说的话题既浅薄又低级。而表妹谈论的那些话，男朋友不能理解就算了，还开玩笑说："我看你就是书读多了，说的话是个人都听不懂。"

后来，男朋友带她回家，她发现男朋友家人的思想也都很偏颇，嘴里嚷嚷的都是一些"有钱是大爷""学历无用论"。这件事彻底让表妹下了分手的决心……

抛去一些现实因素，如果学历的高低不在于智商，那问题一定出在学习能力和态度上。一般情况下，学历越高的人越有上进心。学习是这个世界上最辛苦的事情之一，得有多强大的意志力和承受力，才能支撑我们考研、考博，不断升学？这么多苦都吃过来了，遇到爱情中的坎坷磨难和婚姻家庭生活中的风风雨雨，也会表现得更有耐力。学历高的人一般自律性更强，思维习惯和行为模式都更偏于理性。

从概率上来说，排除某些特殊情况，学历高和学历低的人以后的收入差距会很大。所谓经济基础决定上层建筑。爱情也是上层建筑的一种，没有足够的赚钱能力，及睿智的理财观念，你们携手共组的小家庭拿什么去抵抗残酷现实的一再考验？

学历是不可忽视的因素之一，但也不能唯学历论。曾看过一个街头采访的小视频，接受采访的女生中，70%的女生表示不愿意嫁给只有初中学历的男生。但又有90%的女生表示，如果这个男生十分有责任心，愿意为他们的小家庭拼尽全力，那也是可以考虑的。

只要你们有决心，有毅力，学历差距不足以成为你们恋爱、结婚的障碍。一个男人能给你的幸福，不在那一页熠熠生辉的毕业证书里，而在于他愿意为你们的未来付出多少努力。

一个男人能给你的幸福，不在过去耀眼光辉的成就里，而在他是否能帮助你实现你的理想，成就更完美的你；一个男人能给你的幸福，不在别人虚幻无妄的评论中，而在你与他共同携手，相互依偎，打造的每一个平凡的日子里。学历，不是不重要。可是，恋爱中的男女能朝着一个共同目标奋斗不止，更重要。

7. 嫁给有责任心的男人，就是嫁给幸福

在朋友圈里看到这样一段暖心视频：福州一名女子罹患一种罕见病，九年来一直处于一种失忆、失智、失语的状态。丈夫高孟榕为了更好地照顾她，干脆辞去工作。

高孟榕一遍遍地为妻子按摩、擦身，不厌其烦。为了哄妻子开心，他会温柔地唤妻子"美女"。多年来，尽管四处求医未果，他却始终心怀乐观。记者问高孟榕有何心愿，他说目前最大的愿望是未来有一天能再吃到妻子做的饭菜……

几乎是在同一时间，又在网上看到一位网友发帖痛骂丈夫不负责任。女儿刚刚出生，她要求丈夫为女儿喂奶粉、换尿布，谁料丈夫只顾玩游戏，对她爱搭不理。最后丈夫竟然以"睡不好觉"为由离家出走闹失踪，妻子哭着报警，抱着孩子四处找他。

以前常听母亲说："男人最重要的是要有责任心。哪怕糟糠之妻病了、老了、丑了，他也能做到不离不弃。""和有担当的男人

在一起，日子不会过得太差。"

是啊，女人在婚姻中遇强则弱，遇弱则强。嫁给一个有责任心的男人，现世安稳便不再是一句空话。男人如果无担当，你就必须磨炼出一身钢筋铁骨，独自承受生活的坎坷波折。

维克多·弗兰克尔在《活出生命的意义》中有这样一句话让人印象深刻："负责任是人类存在之本质。"男人有钱、有才、有外貌、有身高，都不如有责任感。有了责任感，就好比一座大厦有了地基。嫁给这样的男人，苦难的生活也能开出璀璨的花朵。

阅读某篇小说的时候，被这样一段对话吸引。女儿出嫁前与父亲谈心，她问："爸爸，您为撑起这个家辛苦了一辈子，就从没想过放弃吗？"

老人指了指自己，低声说："我是父亲。"

女儿又问："您遇到外界的那些诱惑，从不动心吗？"

老人一字一句地说："我是丈夫。"

有责任心的男人不会轻易堕落。他们努力工作，只为了给家人最好的生活。而这样的男人对待感情，亦向来慎重，他们的爱是如此纯粹、炙热。

记得曾看过某档热播综艺节目，一对夫妻来到演播厅，他们像仇敌一般对峙，看向彼此的目光中都喷射着愤怒的火焰。妻子称，她与丈夫结婚这五年来，丈夫多次因醉酒昏迷被送去医院抢救。长期酗酒掏空了他的身体，三年前，他因为工作失误被领导开除，之后一直在家待着，家里所有的开支都由妻子一力承担。

丈夫听到这里，破口大骂："我是你老公，你赚的钱不都是我的！装什么装……"妻子掩面而泣："这样的日子我真是怕了，再也过不下去了！"

主持人与嘉宾看不下去了，将那个男人一顿痛骂。一位嘉宾怒斥道："她无怨无悔地跟了你那么多年，你却天天喝得烂醉如泥，算什么男人？！"

望着视频中那个明明才30岁出头却被生活折磨得一脸皱纹、一身疲态的女人，我不由摇头叹息。可见，如果嫁给一个毫无责任心，毫无担当的男人，只会在婚姻中尝遍诸般苦涩的滋味，让自己活得越来越不像一个女人。除非离开他，否则这样的生活将永无尽头。

只因他们明明一身恶习，却始终认识不到自己的错误。他们空有承诺，没有行动，向来对你说一套做一套，言行一致对他们而言是永远都不可能实现的童话故事。

最后，你要知道，责任感是一个人生而为人的基石。结婚前，你一定要擦亮眼睛，找到那个最具责任感的人共度一生。那么，有责任感的男人是什么样子？

男人的责任心体现在这一方面：永远关爱家人，永远追求自我的成长。一个女人真正需要的是一个并肩前行的伴侣。你的那个他要有一颗积极进取的事业心，能为你创造一个幸福、温馨的家庭。

记得余秋雨曾说："男性的第一魅力是责任感"。等你将风景都看透，才明白，茫茫人海中遇到一个有责任感的男人是多么的可贵。可只有这样的男人，才值得你交付真心与这一生的光阴。他像一座大山，为你顶天立地；他像一条溪流，浸润着你的灵魂；他像一片天空，任你自由翱翔……

8. 姑娘,不要嫁给"无底线对你好"的男人

一位学妹曾无限向往地说:"嫁人就得嫁那种对你无限宠爱的人,你说东,他不敢往西,你指左,他不敢往右,你再怎么作,他都哄着你,对你百依百顺……"

我们几个好姐妹第一时间劝阻了她:"千万别,这种无原则无底线的男人没你想得那么好。"你以为无底线对你好是爱情,实则是一剂毒药。

知乎上,一名网友匿名发帖:"他结婚前对我特别好,说什么就是什么,婚后就动不动爆粗,摔碟子砸碗……有一天,他还动手打了我,这到底是为什么?"

一条评论收获了最多的赞:"谈恋爱的时候毫无底线的男人你也要?这样的男人最有心机!婚前,他们越是殷勤得像条狗,婚后,他们越是作威作福要当大爷。"

如果你的男朋友结婚前最大的优点是听你话,对你好,那真的

很可怕。试想，男人为什么要费尽心思地对你好？一位直男朋友坦诚说，男人追求女人，动机只有两个，情感需求和生理需求。他决定追你前，早已在心里将你的价值从里到外地衡量了一番。他会关心你的外在条件、社会条件、性格、兴趣、修养，等等，这些都会影响他的选择。

如果一个男人将这些考虑得极其清楚明白后仍然向你发起了爱情攻势，只能说明，他认为你们很合适。于是，他每天都对你嘘寒问暖，你不开心了想着法儿地逗你开心，你看中哪个礼物二话不说买来送给你……

可是，他的风雨无阻、无怨无悔是要有回报的。正如那位直男朋友所言："男人把你骗到手之前，会表现得极其温暖、体贴，他会花费很多时间去研究你的喜好，为了弄懂你话里的意思，不惜绞尽脑汁。可是婚后呢……"

这种失去自尊的跪舔式的付出，很难持久。与你手挽手走向婚姻殿堂的那一刻，你满脸幸福，他却在心里长舒了一口气："总算是完成任务了。"前期的压抑，引来了后期的大爆发。就像是经历过那段黑暗备考期的人，进了大学后往往会报复性地玩乐，越堕落越觉得痛快。谈恋爱的时候，他对你越是顺从，得手后便越像是变了一个人。

温柔不复存在，体贴化为灰烬，他不做家务，不管孩子，对你想骂就骂，毫无尊重可言。只因在他眼里，你永远都离不开他了。你抱怨几句，他却比你还委屈，历数谈恋爱时你的种种恶劣行迹，将你痛骂一番后甩下一句"女人就是不能惯着",然后冷冷离去。

更重要的是,那些热衷于死缠烂打、恋爱时毫无底线的男人心智根本不成熟,他们一言一行都由感情支配,动不动就走极端。今天爱得你死去活来,感情淡了却说翻脸就翻脸。追求时完全抛弃自尊,为你寻死觅活,分手时也只会变得越发丧心病狂。

靠谱的男人,追求你的时候,会时刻考虑你的感受。你向他释放出拒绝的信号,纵然他心不甘情不愿,也会得体地退出,并大度地祝福你的未来。

靠谱的男人,哪怕正与你热恋,也会保持理智。他会坚守你们之间的边界与底线,对于你的作,不会一味忍耐,对于你提出的无理要求,亦能狠得下心去拒绝。而这正是他对感情负责任的表现。你们的爱情只会因此变得越发炙热纯粹。

知乎上看到这样一段话:"你看一个男人好不好,不要只看他对你好不好,你要看他对那些跟他毫无关系的人好不好。因为他现在喜欢你,自然对你好。但是将来,你们出现了分歧和争执,也许你们会面临分开的境地。那个时候,他对待无关之人的态度就是对你的底线。"

不要觉得他对你好,且能无条件地包容你的公主病,你就应该嫁给他。婚前,他跪舔得越厉害,婚后就反弹得越厉害。让一个人轻易地加入你的后半生,结果可能会始料不及。你的那个他,要在爱情里有理智有风度,有原则有底线。

9. 跟谁在一起舒服就和谁在一起

"爱情里，别老想着取悦别人，累不累啊。都这个年纪了，跟谁在一起舒服就和谁在一起，与其挖空心思取悦别人，不如快乐自己。"

在朋友圈里看到这段话，我不由狠狠地点了一个赞。我们不再是年轻时那个为爱情不惜献出一切的傻姑娘了。我们长大了，成熟了，得不到的爱情知道撒手了，折磨自己至深的感情也不想再坚持了。只想拥有一段细水流深的婚姻与感情，滋润彼此今后的人生。当你与真正适合你的那个他依偎在一起，就像阳光遇见花朵，风儿遇见云，如此静谧轻松而又自然。

有人说，真正好的婚姻应该充满了快乐与温暖。但也有人跟我说："当初结什么婚啊，还不如一个人过。"有一段时间，朋友简妮便经常对我倒苦水。

简妮的男朋友吴晓是众多女生心中的男神，相貌堂堂，事业有成,举手投足间都带着浓烈的男性魅力。简妮对吴晓一见倾心,当初她倒追了好久,才征服了他的心。

两人在一起后,简妮事事迎合吴晓的喜好。和他一起看综艺节目,他突然说节目中一个女孩的短发很好看,希望简妮也能剪个时髦的短发。简妮犯了难,可为了男朋友开心,还是狠心剪去了那一头及腰长发。吴晓满意地点点头,她的心却疼得发慌。

简妮性格爽朗,笑起来阳光灿烂,吴晓却不喜欢她这一点,要求她笑不露齿,最好捏着嗓子说话,显得更温柔一点。简妮喜欢穿牛仔裤和板鞋,简单、方便,吴晓却给她买来一堆裙子和高跟鞋,希望她能以更淑女更优雅的形象示人。

她为了讨男朋友的欢心,一直小心翼翼地伪装自己,时间越久,越觉得压抑。其实她也知道吴晓对她的感情都是真的,也没什么坏心思,可就是越来越逃避和他单独待在一起。

后来,吴晓向她求婚,她居然愣在那里,那句"我愿意"始终说不出口。吴晓一脸惊诧,实在无法相信平日里事事听从自己的女朋友竟然会拒绝自己的求婚。他脱口而出:"你这是什么意思?"拿着戒指怒气冲冲地离开,只留给简妮一个冰冷的背影。

一连几天,吴晓都没有联系简妮。简妮心里居然偷偷地松了一口气。后来,他们再也没有联系过对方,简妮也恢复了单身生活。我在微信上安慰她,她却发来一长段语音,语气俏皮而又活泼:"不用担心我,现在我想露齿笑就露齿笑,想穿牛仔裤就穿牛仔裤。没事撸撸串，看看综艺节目，不开心了喝点啤酒，再没人管着我了，太开心了！"

令我欣慰的是，一年后简妮遇到了另一个男人，经过一段时间的相处后，两人顺其自然地走入了婚姻。他们结婚后动不动就在一众朋友面前撒狗粮，简直是羡煞旁人。

我曾问过简妮为什么会选择如今的丈夫，她想了想，认真地说："客观地说，从各方面来看他都是一个普通的男人，但是，我和他在一起实在是太轻松太舒服了。"

爱情里，舒服应该是最重要的特质。你们相处自然，想笑就笑，不必忌讳卡在齿缝的菜叶；想哭就哭，不必担心对方看见自己最狼狈的样子，这样的感情才能持久。如果你需要拼尽全力才能勉强维持这份爱情，你就应该反思，你的那个他是否适合你。

无论是爱情还是婚姻，希望你都能一直舒服地做自己。你能穿着美丽的高跟鞋，画着精致的妆容，在外奔波、厮杀；也能扎起长发，素面朝天，穿着邋遢的家居服在他面前晃荡。你能自信地散发魅力，也能收起女王的一面，无比放心地在他面前做个胆小鬼，扮演一个事事逃避的鸵鸟。任何时候，他都懂你的脆弱，你的敏感，你的喜怒悲欢。

在他面前，你没必要时刻紧绷着神经。想吃麻辣烫就吃，哪怕吃得大汗淋漓，形象全无；想喝酒就喝，哪怕喝多了耍赖皮、耍酒疯，也不用担心他会嫌弃你。

和他待在一起，是如此舒服。这种感觉难以描述，既像是安全感，又像是归属感。他莫名地让你感动心安，你可以放心地摘掉面具，无拘无束地做自己。

可见，真正好的爱情，真正靠谱的婚姻，就是彼此间相处得舒服，不费力。你在沙发上撒泼打滚，他在身边吐槽。你们待在一起的画面是如此的和谐美好，你不需要刻意经营彼此间的感情，也不用事事讨好对方，只因真正爱你的人不会舍得你如此辛苦。

在网上看到一句话："宁可孤独，也不违心；宁可抱憾，也不将就。"不由拍手叫好。勉强得来的感情不值得珍惜。正因余生太短，所以和谁在一起舒服，就和谁在一起。

第四章
趁早看清婚姻的真相，以热诚之心去面对

1. 将婚姻想得过于美好，是很多人都在犯的错

前几天，关注的一个情感大V发了一条微博，说很多女性来咨询她，为什么婚后比婚前过得还要辛苦。情感大V分析说："很多女性朋友婚前以为结婚就是'你负责挣钱养家，我负责貌美如花'，对婚姻抱有不切实际的幻想，是她们婚后过得不幸福的根源。"

将婚姻想得过于简单、美好、理想化，是每个爱做梦的少女都会犯的错误。她们如此向往浪漫的婚姻生活，仿佛那就是诗和远方。然而，真正经历过才知道，期望越大，失望越大。

可是，直至步入围城，才发现我们普通人的日子里，虽然也不乏浪漫，但更多的是接纳辛苦、承担责任，当激情趋于平淡，大多数婚姻都会走向失望的结局。

孩子、父母、家务活、工作塞满了我们的生活，如果没有足够的承受力，如何能将婚姻这么复杂的事情进行到底？是啊，现实生

趁早看清婚姻的真相，以热诚之心去面对 / 第四章 /

活中哪有那么多花前月下和惊心动魄？有的只是日复一日地付出与疲乏。当各方面的压力骤然袭来，你只觉得自己快被肩上的那副重担压垮。

有时候，击溃你的可能是一些在外人看来微不足道的时刻。你出差一周，拖着疲累的身子回家，打开门却发现，屋里一团糟乱，沙发上堆满了衣服，水槽里都是油腻腻的碗，他却懒洋洋地躺在床上，责怪你为什么不顺手给他打包一份外卖。那一刻，你只想夺门而逃……

你费尽心思做了一桌丰盛的饭菜，想给他一个惊喜。谁料饭菜凉了又热，他一个电话打来，说要去参加朋友聚会。沉默地挂了电话，你不甘心地在微信上打下一行字："为什么不早点跟我说？"随即又逐字删去，泪，不经意间滑落眼角……

孩子在学校里犯了错误，你们一起去学校和老师谈话。带着孩子出了校门后，他在一旁喋喋不休地怨责你："你是怎么教孩子的？瞧把孩子惯的！"你反唇相讥："教育孩子是我一个人的责任吗？平时开家长会哪次不是我？就你工作忙，我难道不工作吗？"谁料他突然冷着脸，转身大步向前走去。你满怀委屈，却无人倾诉……

婚姻，从来不是一件养尊处优的事，它充满难过和失望。更心酸的是，身为女人的我们，因为生育等原因，注定要在婚姻里付出更多。我的母亲就曾直白地告诉我，婚姻中那些涉及情绪情感的部分，很少由夫妻双方均摊，大部分都得由女人去承担。

可见，婚姻原是一场修行。我们通常要在苦楚中感知幸福，在现实的缺憾中获得精神上的圆满。如果你对婚姻满怀憧憬，不妨亲手毁灭这一玫瑰色的幻想，试着去降低预期值，看清婚姻的真相。你要知道人生不如意事十之八九，你们会不可避免地遭遇诸多考验和磨难；你要知道，他也许没有你想象中的那么完美，在他的缺点暴露之前，请提前做好准备。

爱情是美好甜蜜的，但我们总在憧憬着更美好甜蜜的事物。所以我们一往无前地冲向婚姻，总觉得一定能在远方到找到更盛大的幸福，尝到更美妙的滋味。可到了之后才发现，一切都是镜里看花，水中捞月，越是满怀期待，越会两手空空。这便是婚姻的残酷。

破解这一切的方法莫过于：学会满足，学会享受当前的美好，过好眼前的生活。所谓"兵来将挡，水来土掩"，以镇定的心态，不骄不躁地去面对婚姻生活中的坎坷，我们所有的付出都将得到回报。

其实，婚姻没有你想象中那么美好，也没有你想象中那么糟糕。果断放弃这场"玫瑰梦"，坦然接受婚姻生活中的不足，去经历遗憾，并始终对未来怀抱期盼，才是明智之举。

2. 为什么都说婚姻是爱情的坟墓？

读顾城的诗《避免》时，内心始终弥漫着淡淡的失落：你不愿意种花。你说"我不愿看见它一点点凋落"。是的，为了避免结束，您避免了一切开始。

身边一些女孩因为深信爱情注定凋零，而婚姻便是葬送爱情的坟墓，所以才成了坚定的独身主义者。一个问题不由跃上心头：为什么说婚姻是爱情的坟墓？

在我看来，婚姻的第一个危险期大多发生在婚后第一年。曾看过一份科学研究，说是热恋中的男女会在荷尔蒙的作用下，放大对方的优点，却又对方的缺点视而不见。一旦这对情侣走入婚姻，因为种种现实原因，荷尔蒙的分泌量骤然减少，这时候，在彼此的眼里，那些曾经的优点不再明显，曾忽略的缺点却被一再放大。

正如之前看的那部电影《新婚告急》，男女主角莎莎和阿汤原本爱得炙热而疯狂，可等他们不顾一切地走入婚姻殿堂后，两人之间的感情却因为种种琐事产生了裂痕。

莎莎和阿汤婚后去度蜜月，到了城堡酒店后，阿汤强行使用型号不和的插座，谁料因此损坏了酒店的线路。阿汤和酒店老板大吵一架，拉着莎莎离开了酒店。两人开着汽车在雪地里四处转悠，后来不慎一头撞到雪堆里，不得已在车上过了一夜。

一路上，类似于这样的小意外数不胜数。阿汤和莎莎吵得越来越厉害，莎莎抱怨阿汤做事冲动，过于粗糙，不够细心，阿汤则责怪莎莎太矫情、玻璃心，新婚燕尔的他们对自己的婚姻都产生了怀疑，最后两人仓促地结束了蜜月之旅，同时也走到了分手的边缘……

经常在网上看到这样的新闻，很多"90后"小夫妻刚刚结婚就闹成一锅粥，有的吵得没完没了，有的还没捂热结婚证，很快又领了离婚证。他们离婚的理由堪称五花八门，但如果细细分析，好像也并没有什么大不了的矛盾，就像莎莎和阿汤一样。

问题究竟出在哪里？其实，新婚夫妇恋爱时激情指数很高，婚后却很容易产生失落感。有位女性朋友对我抱怨说："男朋友成为老公后，他变得越来越懒，对我的关注越来越少，以前他处处照应我，变着法儿哄我开心，现在却懒得在我身上花心思、费力气……"

的确，一整套结婚流程办下来，很容易给人一种任务完成的感觉。男人变得不再热情，女人也不再像恋爱中那么细心，意识到双方的变化后，浓浓的失落感随之袭来。

而且，新婚夫妻在生活习惯和彼此性格的磨合上并没有我们想象得那么顺畅。像卫生、饮食、睡眠这一类的问题，虽然谈不上大是大非，却很容易影响到感情。

想要避免婚后生活出现波折，首先我们一定要认清，婚姻比恋爱要琐碎艰难得多，所以一定要做好心理准备。其次，结婚之前就该好好考察对方的生活习性，是否和自己一致，该磨合的尽早去磨合，不断试探，加强沟通，尽快调整到双方都感到舒适的状态。

婚姻的第二个危险期发生在女性生育后的第一年。同事秦晴当初生下宝宝之后，常常向我哭诉心中的郁闷。她每天夜里都得顶着一身的伤痛去喂奶，长期睡眠的缺失将她折磨得憔悴不已。丈夫李明偶尔会起夜帮她一把，大多数时候都自顾自睡得酣沉。

渐渐地，秦晴口中的抱怨多了起来："我真的好累！""你一点都不理解我！也不帮我！"一开始，李明还会宽慰妻子，慢慢地，他的态度变得越来越冷淡。终于有一天，他喊道："你怎么就变成一个怨妇了？就你累，我一个人挣钱养家我不累吗？"

还记得秦晴泪流满面地跟我说："我们之间怎么就走到今天这个地步？"她那副脆弱的样子实在让人心疼。近些年来，产后抑郁这一概念变得越来越广为人知。而夫妻双方的感情往往会在此时经历最大的考验。女人生产后特别渴望得到丈夫的关心、呵护，可丈夫却屡屡忽视妻子的情感诉求，我亲眼见过很多因此分崩离析的婚姻。

另外，孩子出生带来的经济压力，包括婆媳矛盾等都会影响到夫妻感情。有些妻子会因为过于关注孩子而忽视丈夫，导致丈夫为了寻求情感与生理上的满足，不惜寻求外遇。

这些都是导致婚姻破裂的元凶。在女人生产后的特殊时期里，男人一定要注意平衡家庭和工作，对妻子多一点体贴耐心和爱护，女人也不能顾此失彼，最好平衡好对孩子和丈夫的关心与照顾。熬过这段艰难时期之后，一切都将柳暗花明。

七年之痒也是最可怕的婚姻杀手。在一篇文章中看到这样一个说法：人的细胞七年更换一次，人的情感也是如此。有的人甚至还没在一段婚姻中待满七年，心便蠢蠢欲动起来。爱情因此转化成亲情，你们之间就像左手摸右手，再也没有激情与悸动。

为爱情保鲜的秘诀有很多，比如始终保持恋爱的状态，注意形象管理，不要过早地将自己变成对方眼里的黄脸婆，不要过早地让爱情转换成亲情。时不时和对方来一场约会，时不时为对方准备一点小小的惊喜，这些都能为彼此带来新鲜的感觉。

很多人单凭一张纸质结婚证，自以为已经买好了一份终身保险。我们要始终铭记恋爱的初心，尽情投入婚姻。怀着这样的觉悟，才不会让婚姻变成爱情的坟墓。

3. 婚姻最大的悲哀是失去自我

美剧《傲骨贤妻》结束的那一幕，令我百感交集。这是一个充满惆怅而又不乏欣慰的结局，女主Alicia失去了爱人，失去了知心好友，可是她最终却找回了自我。

七年前的她，梳着老气的主妇头，穿着乏味的服装，终日围着家庭打转。很多人都忘了，名校毕业的她也曾驰骋职场，有着出众的律政天赋。彼时，婆婆轻视她的付出，丈夫也对她越来越忽视，频频出轨寻求刺激。最终，丈夫因为政治丑闻被捕入狱。已做了十三年家庭主妇的Alicia不得不扛起家庭责任，重返职场，想不到这正是她找回自我的开始。

她穿起优雅、体面的套装，画着精致的妆容，在一个个案件中变得理性、强硬。她发誓不再做那个独自哭泣的人，并一步步证明了自己的优秀与强大，让所有人都对她刮目相看。

在网上看到这样一句话："女人最可悲的不是年华老去，而是在婚姻和平淡生活中的自我迷失。女人可以衰老，但一定要优雅到死，不能让婚姻把女人消磨得失去光泽。"

婚姻中，失去自我的人无比的可悲。女人，在婚姻中要扮演的角色太多了，一个温柔可人的妻子，一个贤惠孝顺的儿媳，一个坚强慈祥的母亲。可演着演着，就将独立的自我弄丢了。她们变得患得患失，唯唯诺诺，这也是婚姻变味的开始。

在婚姻中失去自我的女人，总保持着一种牺牲者的姿态。她们为了家人拼了命地付出，不惜放弃工作，舍弃一切兴趣爱好，将所有的时间和精力都留给了家庭。谁料，越是不计一切地去付出，负能量便越是郁积于心。原本单纯快乐的她们，生活中只剩下不甘和抱怨，于是在自己的唠叨声中变得越发憔悴、颓废。对爱人而言，她们早已毫无魅力可言。

女人想要在婚姻中获得幸福，就一定不能丢弃独立的人格，打着"为你好"的旗号将自己的一厢情愿强加在亲人、爱人的头上。这个时候，你的关心在伴侣眼里变成了监视、操控，你的那些付出非但不会得到回报，反而会成为这个家矛盾的来源。

婚姻中，失去自我的人总是一再忍让。台湾短剧《茶蘼》中的女主角如微放弃了自己的事业，选择留在男朋友身边，只为守住爱情。

这段亲密关系中，如微一再退步，几乎失去了底线。男朋友的父母出了车祸，她辞掉高薪工作，鞍前马后地照顾男朋友的父亲。

她和男朋友未婚先孕，因为男朋友没有什么存款，家里也一贫如洗，提供不了支持和帮助，她便主动放弃婚礼，直接和男朋友领证结婚。

婚后，如微孕反强烈，她不得不放弃上班，待在家休养。谁料被婆婆嫌弃，婆婆终日指桑骂槐，抱怨她只知道花钱，不知道挣钱。

如微一再忍让，她承担起几乎全部的家务，又替丈夫照顾好父母和孩子，把自己操劳成彻头彻尾的黄脸婆，谁料不但没有换来丈夫的心疼，反而让他越来越嫌弃自己。

可见，不是所有的忍让和包容都能得到珍惜。你以为那种失去底线、不计回报的体谅是一种高尚，可它其实是一种残忍。用委屈自己来成全别人，嘴上大度，心里却疼痛不已。况且，很多时候婚姻会变成一场拔河，你步步后退只会换来对方的得寸进尺。

而在婚姻中找回自我最有效的方式，莫过于放弃那种无原则、无底线的忍让，重新捡起被人踩在脚底的自尊。拿Alicia来说，被关在监狱里的丈夫满以为自己能得到妻子的原谅，可Alicia一再拒绝与他复合，她的自律、自爱与自强反而让丈夫重新爱上了她。

婆婆像过去一样不断找麻烦，Alicia却勇敢地行使起自己作为妻子和孩子母亲的权利。得知婆婆偷偷翻查了她的电脑和房间，Alicia第一时间换掉门锁，面对婆婆的质问亦不卑不亢，毫不示弱。看到这一幕，我在心里为Alicia鼓起掌来。

如果只为别人而活，如何能活出梦想中的未来？不要将生命的重量一股脑压在爱情与婚姻上，不妨让人生多几个支撑点，让人生变得丰富多彩，自在充实。这样，就算失去了爱情，你也能活出属于自己的风采与乐趣。比如，不要放弃自己的事业，或者好好经营自己的朋友圈，多培养几个兴趣爱好，这些都是保持自我成长与进益的最有效途径。

4. 第三者并不是真正的爱情杀手

当初和朋友一同追看电视剧《我的前半生》，看到陈俊生出轨摊牌的那一幕，不由破口大骂："真是男人的嘴，骗人的鬼！想不到这么老实的人也有一副花花肠子。"

一个朋友若有所思地说："他们婚姻失败，也不能全怪陈俊生。"

我皱眉："如果不是陈俊生偷偷找了小三，他和罗子君多年的感情怎么会走到这一步？"

朋友分析说："你看到的只是表象。你想想看，陈俊生找的小三比罗子君漂亮吗？年轻吗？况且，小三还是个单亲妈妈，她条件这么差，陈俊生究竟看上了她哪一点？"

朋友的话引起我的思考。陈俊生离婚离得异常坚定，可他看向罗子君的眼神还是满含温情。他们的婚姻真的是败在了第三者手里吗？第三者出现之前，他们之间就毫无问题吗？

每个女人都该牢牢记住这样一句话，如果说男人的出轨是一种本能，他们的忠诚就是一个选择。不过，你需要给他一个始终选择你的理由。

罗子君没有给陈俊生更多的选择余地，反而将他远远地推离了自己。她自欺欺人地认为只要做好保养，注重打扮，丈夫自然飞不出她的手掌心，富太太的生活就能一成不变。

于是，她变得越来越作，整日逛街玩乐，只关注自己的外表，却懒得去体会丈夫的工作压力，忽略他更深层次的情感需求，最终使得温柔可人的凌玲绝杀上位。

看到一则新闻说，一份名为《嫁给他，你后悔了吗?》的问卷调查在短短几天里收获了近四万份有效问卷，八成以上的受访人为女性，年龄主要分布在26~35岁之间，婚龄大概是1~7年。问卷调查的结果让我很是意外，很多人以亲身经历证明，婚姻的第一杀手并不是小三，而是"双方失去共同语言，缺少亲密感"。

之后又搜集了一些相关的研究资料，我发现很多人有外遇并不是为了性，他们更多的是在寻求支持、尊重及理解。这就是说，在另一半那里寻求不到心灵依托的人，更容易出轨。

美国婚姻专家约翰·戈特曼教授认为，导致婚姻瓦解的真正原因不在于第三者，而是"末日四骑士"，即批评、鄙视、辩护、冷战这四种消极行为。

"你也太没记性了，猪脑子吧！"婚姻里的批评并不鲜见，但是这些带有指责意味的批评会严重伤害对方的人格尊严。日积月累下去，彼此间的爱意就会因此一点点流逝。

"你要懂得上进，猪都能飞上天了！""我就是看不起你，你能怎么样？"鄙视包括冷嘲热讽、挖苦嘲笑等。这种带有鄙视意味的话会毁掉两人的感情基础，让矛盾频发。

"错不在我，都是你……""不是我不努力，我没那么多好运气啊！"和鄙视相伴相生的往往是辩护。可是，把夫妻生活过成一场辩论会，是很悲哀的。你喋喋不休地自我辩护，在对方看来，却是死不认错、拒绝悔改的表现。"战火"因此一再升级。

冷战是双方关系越发僵化的象征。处于绝望婚姻中的男女喜欢用冷战去回避争吵，这其实是在回避交流与沟通的渠道，从而使双方的感情修复成了一个难题。

《我的前半生》中的小三凌玲有一句名言："苍蝇不叮无缝的蛋。"蛋出了问题，苍蝇就会一哄而上。除了"末日四骑士"会导致婚姻失败外，令人奇怪的是，很多婚姻明明没走到互相鄙视、长期冷战的地步，却也摇摇欲坠，这又是为什么呢？

最大的原因在于懒惰。有个朋友曾泪流满面地向我倾诉："自从和男朋友结婚后，我们的婚姻生活过得跟异地恋一样，明明他就在我身边，我却觉得他离我无比遥远。"

当男朋友升级为老公，惰性慢慢开始占了上风。他将更多的时间和精力投入到工作及休闲娱乐中，对她的陪伴却越来越少。她告诉他，自己并不喜欢这样的状态。他却理所当然地说："我们还有往后几十年的时光可以相处呢，再说婚姻不都会慢慢变得平淡吗？"

朋友说，听见老公这样回答，她抑郁得想要出轨。我看着她难过的样子，耳边突然响起张小娴曾说过的一句话："男人对女人的伤害，不一定是他爱上了别人。"

人们老说职业舒适圈，其实，婚姻中也存在一个舒适区。婚姻中，如果有一方掉入了舒适区，不愿意再去费心经营感情，两人之间只会渐行渐远。

在某综艺节目上看到，主持人问一对明星夫妻："你们结婚这么多年，为什么能一直维持这么好的关系？"丈夫抢先回答："因为我怕我会失去她。"

什么是婚姻的舒适区？说白了，就是对失去对方这件事不再关心。正是因为不在乎，才会任由惰性蔓延。而这种看似舒服的状态会让你们的爱情变成一杯兑了水的奶茶，从温暖甜蜜变得冷淡无味。一旦到了这个阶段，就很少有人能够把持得住来自婚外的诱惑。

诚然，再浓烈的感情也会有冷却的一天，但并不是你我怠慢婚姻的理由。你的不作为，像一把钢刀深深扎入对方的心脏，爱情也会因此而死去。

这个世界上，不会有一个人、一段感情能永远地属于你。没有无缘无故的"执子之手，与子偕老"，没有不明不白的"一生一世一双人"。你所拥有的一切，都要你用尽心思、绞尽脑汁地去维持。而当你对另一半的感情松懈下来，自以为是地认为对方不可能离开你的时候，就到了你失去对方的时候。

不要因为爱情开了花、结了果就停止浇灌，你的懒惰会毁了眼前的这份幸福。也不要将婚姻失败的原因通通归咎为第三者，多多反思自己的错误。

5. 爱情≠婚姻，只有爱情的婚姻是不够的

如果婚姻没有爱情，为什么要结婚呢？没有爱情的婚姻，还是算了吧。一辈子虽然很长，我们可以自己走。

但是仅仅有爱情，婚姻就能幸福吗？未必。

作家周国平曾说：从理论上来分析，爱情是精神生活，遵循的是理想原则；婚姻是社会生活，遵循的是现实原则。的确，爱情与婚姻从来都是两码事。

上周末连续看了两部电影，《泰坦尼克号》和《革命之路》。如果说前者描绘的是一支"你跳我也跳"式的华丽而又默契的爱情圆舞曲，后者就是一首关于婚姻的现实主义悲歌。

《革命之路》中，弗兰克和爱普莉这对年轻夫妇在革命路的住宅小区过着看似幸福美满的中产阶级生活：丈夫有一份稳定的工作，妻子则当起家庭主妇，只需负责貌美如花和家庭事务，孩子也都健康快乐地成长。可实际上，他们的婚姻早已千疮百孔。

弗兰克在一家普通公司任职，他努力挣钱养家，可骨子里却对所从事的这份工作毫无认同感。爱普莉虽然生活得幸福安稳，内心却满是空虚与躁动。弗兰克和爱普莉虽然深爱着对方，可发生在生活中的大大小小的琐事与问题最终让他们失去了对彼此的耐心。

同很多入戏较深的网友一样，我的心里也冒出了这样的想法：如果《泰坦尼克号》中的杰克爬上木板顺利获救，他和露丝的婚姻难道就不会走向《革命之路》的下场吗？

曾经，你我总以为爱情的最高境界就是步入婚姻的殿堂。然而事实一次又一次地告诉我们，婚姻，并不只是意味着爱情。而仅仅只有爱情的婚姻，大多也并不见得能走到最后。

周国平还曾说过：可以用两个标准来衡量婚姻的质量，一是它的爱情基础，二是它的稳固程度。这两个因素之间未必有因果关系，所谓"佳偶难久"，热烈的爱情自有其脆弱的方面，而婚姻的稳固往往更多地取决于一些实际因素。

爱情发生的当下，好似"天雷勾动地火"，条件越是艰难，越是爱得轰轰烈烈。而婚姻，却必须屈从于现实。婚前你放荡不羁爱自由，婚后却必须精打细算、锱铢必较甚至是强颜欢笑，太多委屈必须埋藏在心里，太多心事找不到合适的人倾听。

恋爱时，你天天缠着他说"我爱你"，怎么也听不够。结婚后，偶尔听到一句甜言蜜语，心里反而起了疑心，怀疑对方是不是做了对不起你的事情。想起恋爱时的种种，你不由苦笑着叹息:"在婚姻里谈情说爱,只顾着风花雪月,是多么可笑啊!"

恋爱时,你无所顾忌地享受着爱情的甜蜜。结婚后,原本一无所求的你却对他有了更多的要求,自己也背负起了更多的责任。只因婚姻不仅是两个人的事,它更是两个家庭的事。亲家关系、婆媳矛盾、经济压力等诸多现实问题接踵而来,你满心苦恼。

恋爱时,你眼里心里都装满了他的优点。结婚后,你却必须要和他的缺点相伴一生,这个时候你才会明白,爱情并没有我们想象得那么伟大,原来它也会在生活的微小细节中磨灭。

多少爱情,都败给了现实。《婚姻与家庭》这本杂志曾针对"60后""70后""80后"三代夫妻,做过一场调查,主题为"最影响夫妻感情的那些琐事"。调查结果令人不胜唏嘘,接近七成的夫妻认为,生活中那些鸡零狗碎的琐事,好比一头贪婪的巨兽,逐步蚕食着爱情。

女性认为,这五件琐事对夫妻之间的感情能造成最大的伤害:"我说话他完全听不见""缺乏浪漫""不注重形象""抽烟喝酒""不着家"。

男性认为,影响夫妻感情的五件琐事分别是:"经常指挥男人干这干那""对钱管得太严""过于追求浪漫""不注重个人形象""购物狂"。

恋爱时,你的双眸好比戴上了一层粉红的滤镜,对方做什么都觉得很可爱、很有个性。结婚后,生活像被一键还原,当他将最真实的样子暴露在你的面前时，你才发现他是如此的粗心、幼稚、上不得台面，你们的生活随之矛盾重重。

曾听过的最令人肝肠寸断的一句话莫过于："我们还是很相爱，可是再也走不下去了。"经不起现实考验的婚姻，也难以靠爱情强撑。相爱只需要香氛、玫瑰，而相处却需要柴米油盐。相爱往往源于冲动，能够携手走下去，却需要相互坚持，彼此包容。不要盲目地在爱情与婚姻之间画上等号。等看清婚姻的真相后，再满怀热诚之心去面对。

6. 婚姻中缺钱和缺爱，哪个更痛苦？

曾有个读者问我："缺钱的婚姻和缺爱的婚姻，哪个更痛苦？"

其实，"缺钱"讲求的是物质，"缺爱"强调的则是情感。缺爱的婚姻对于每一个深信爱情的女人来说，都是一场灭顶之灾。可是，缺钱往往要比缺爱残酷得多。

没有物质的爱情是不存在的，因为物质和爱情是密不可分的，是紧密相连的。年轻时可以有情饮水饱，结了婚才发现贫贱夫妻百事哀。这不是在宣扬拜金主义，事实上，生活不是童话故事，它的残酷程度你无法想象。

多少大学情侣，在校期间不谈物质、不谈现实，只关注爱情和理想，可到了必须为生活犯愁的时候，却一对对劳燕分飞。多少年轻小夫妻，被车贷房贷压垮了腰，他们每天都在思索如何多省几块钱，根本没有空闲时间去思考所谓的幸福。

婚姻如果缺乏物质基础，很快就会被现实的耳光扇得昏头转向。因为没钱，你们会为多订了几份外卖而争吵；因为没钱，你们会为自己凭什么得忍受贫困而愤愤不平，对彼此充满怨责……多年的感情，在买房买车、生儿育女等问题面前，变得如此脆弱、不堪一击。你们也从深爱彼此的人，慢慢变成折磨彼此最深的人，最后变成彼此最熟悉的陌生人。

有个女性朋友前段时间有了宝宝，向她道贺的时候，却发现她的脸上写满了忧愁。她反复盘算说："养一个孩子花销太大了。婴儿时期数不尽的奶粉、尿不湿，上学后的学杂费，包括其他教育支出，要是孩子突然生了病，大把大把钱就得往医院送。终于熬到孩子长大成人了吧，你还得操心他的结婚问题，没钱寸步难行啊……"

有网友戏称，现在养的哪儿是孩子，根本就是台碎钞机，处处都要花钱，一笔笔支出看得人血压飙升。还有网友说："我可以接受你一时的穷，却无法忍受你一直穷。"

女人当了妈妈，便再也没有了当初为爱走天涯的心态，这不叫势利，这是在为你们的婚姻和宝宝的未来负责。纵使她愿意吃苦，也不愿意孩子陪着自己吃苦。

生活不会对任何人网开一面，缺钱的婚姻，大多数都会走向分崩离析。记得王尔德曾说："在我年轻的时候，曾以为金钱是世界上最重要的东西。现在我老了，才知道的确如此。"衣食住行哪样不需要花钱？谈钱并不俗气，你缺一次钱，就会懂得这个道理。

当然，路要一步步走，钱也要一点点赚。彼此相爱的两个人携手努力，奋力拼搏，迟早有一天能过上想要的生活。缺钱与缺爱都可能是婚姻的某一种真相。结婚之前，一定要仔细衡量清楚，做好选择之后，再坚定不移地走下去。

7. 全职太太是世界上最危险的职业，没有之一

得知好友最近和她的老公吵得厉害，我很是不解："怎么会？他不是个二十四孝好男人吗？事事都宠着你、惯着你，之前你上班不开心，他立马让你辞职说要养你……"

好友皱着眉说："只是做做样子罢了，他心里真正怎么想的，关键时刻就看出来了。"

原来，之前好友老公入手了一双售价好几千元的限量版球鞋，好友觉得太贵了，就说了几句。谁料她老公冷着脸说："你每月就挣那么可怜的一点工资，你觉得贵很正常，我不觉得贵。"闺蜜一听这话心里很不是滋味，问他是什么意思，他便立马闭嘴不说话了。

一提起这件事，好友就愤愤不平："幸亏当初没有辞职，我每月好歹还有一份稳定的收入，他都这么看不起我。要真没了工作靠他养活，还不知道要被挤兑成啥样！"

以前看周星驰的《喜剧之王》，会为那一句经典的"我养你"感动不已。历经世事后才发现，人都是自私的，而爱情，有时就是一场利益的权衡。男人在说"我养你"的同时，内心也在默默衡量你的价值。他无意间说出的一句话，往往能透露出他内心真实的想法。

曾收到很多姑娘发来的私信：

"我在这座城市里有一份很好的工作，他却要回老家县城考公务员，我要放弃工作和他一起回县城安家吗？可小县城里真的找不到适合我的工作。"

"我们结婚后，他就让我辞掉工作，专心备孕，现在宝宝快上幼儿园了，我也已经好几年没上班了。他一直反对我重返职场，我该如何选择？"

…………

我用一句话去回复她们的疑问：再牢固的婚姻或者爱情都有可能抛弃你，但工作永远不会。家庭里，并不是处处充满温馨与爱。无论是父母间，还是夫妻间，你的尊严、你在家人心目中的地位都可能与你的价值能力相关。

同事林雯曾经有过一段失败的婚姻。在那段婚姻里，她把自己变成了一家人的贴身保姆，无微不至地伺候丈夫、公婆和孩子。虽说她是个很有能力的女人，短短几年间便在职场打下一片江山。可惜丈夫不喜欢她挣得比他多，她便辞了职。

辞职后，她活得反倒比上班的时候更累了。家里的大事小事都要她操心。公公婆婆生病住院，丈夫忙事业没来医院瞧过一次，她却衣不解带地伺候在病床前。孩子功课跟不上，她每晚都要抽时间辅导孩子做作业，丈夫却从不过问这些事情。

谁料，她对这个家越上心，丈夫的态度反而越冷淡。终于有一天，他出轨被她抓了包。她又哭又闹，想要让家人为自己评评理。不料所有人都反过来指责她。公公婆婆说："这个家还要靠他养，你多做点家务怎么了？你每天只晓得抱怨，难怪把他逼得变了心……"

孩子一向和他的爸爸关系更好，总认为严厉管教他的妈妈是魔鬼。这次，他也向着爸爸说话："爸爸虽然犯了错，但是他压力太大了，你要多体谅爸爸……"

林雯欲哭无泪，内心有个声音在狂喊："都在体谅他，谁来体谅我？"她思前想后，还是决定从这段糟糕的婚姻中抽身而出，重返职场。事后，谈起这段婚姻，林雯叹气说："婚姻里女人无底线地付出，换来的却是男人的使唤和不尊重，我真不该把所有心思都花在家庭上……"

生活中，很多女孩也曾是父母的掌上明珠，在最好的年纪嫁为人妻，纵然为家庭付出了一切，最后却慢慢变成"没用的中年妇女"。丈夫时不时地疾言厉色，公婆发自内心地瞧不起，都会深深击垮她们的自信。世界再大，都不再有她们的立锥之地。

所以，在最该奋斗的年纪，不要将希望都寄托放在丈夫和孩子身上，不要心甘情愿地过着这种复制粘贴的生活。也许你并不缺钱，也有人愿意养你，但一份稳定的工作、一份固定的收入带给你的却是独立的人格、开阔的眼界和充满无限可能的下半生。如果你不知道学习、进步，彻底放弃工作和努力，放弃自己追求的东西，可能到最后连自己的孩子都会看不起你。

婚后，爱情会被挤到一边，经济问题却成了生活的重头戏。你的赚钱能力决定你的价值。你有价值，所有的付出才会被家人看重，你失去了价值，哪怕你掏心掏肺换来的也只是一个蔑视的目光。所谓"你的就是我的，我的还是我的"只是大家心情好的时候，开的玩笑而已。到了关键时刻，你就会赫然发现，失去经济能力，也就意味着失去家庭地位。

8. 如果你们不在同一个层次，距离离婚就不远了

曾有记者问杨澜："你怎样看待婚姻呢？"杨澜说："我认为婚姻最坚韧的纽带不是孩子，不是金钱，而是精神上的共同成长。"

最好的爱情，是精神上的门当户对，而令婚姻稳如磐石的，亦缺少不了精神上的共同成长。夫妻因此心心相印，两人之间好像多了一双充满爱意的手，一头抓着你，一头抓着他。可在现实生活中，不少女性朋友坚持认为，婚姻中的情感纽带是孩子。

她们总说，只要和男人结了婚有了孩子，男人自然会变得成熟有担当。所以，孩子才是解救婚姻的救世主。可在我看来，这无疑是一种天真的想法，我们永远也叫不醒一个装睡的人，那些骨子里就不负责任的人很难因为一个孩子而一夜间长大。

夫妻间的情感纽带也不是物质。物质当然很重要，但只强调物质却缺乏精神上的共鸣，做不到共同进步，"执子之手，与子偕老"便成了一场笑话。

令一段婚姻牢不可分的，是夫妻间精神上的门当户对与势均力敌。记得一位学妹曾问我："什么样的人容易离婚？"当时回答不上来，事后看到一份研究报告，才恍然大悟。报告中说，来自美国宾州大学沃顿商学院的一位专家针对大学生做了大量数据调查，最后发现：

25岁之前结婚，大学顺利毕业的，离婚率是35%；25岁之前结婚，大学未顺利毕业的，离婚率高达51%；而25岁之后结婚，大学顺利毕业的，离婚率仅为9%。

从这个数据我们可以看出，越早结婚离婚率越高，学历越低离婚率越高。为什么会这样？在阅历尚浅，年少无知的时候匆忙走入婚姻，可随着时间流逝，人的眼界在不断开阔，见识在不断增长，如果一方的格局修炼得越来越高，心智也逐步成熟，另一方进步得却较为缓慢，慢慢地，大家的追求不一样了，精神上的共鸣也少了，彼此间便只剩下尬聊。

很多时候我都在想一个问题，为什么在上一辈的农村，离婚率极低？只因夫妻双方一辈子都被局限在一个小地方，从未见识过外面的世界，值得他们考虑的来来去去也就那几个问题。他们的精神世界始终处于同一个频道上，白头偕老便变得容易起来。

可如今，世界的发展堪称日新月异，所谓"乱花渐欲迷人眼"，夫妻如果忽视精神层面上的交流与共鸣，迷失在物欲中，整日谈论的都是房子车子票子，动不动就拿自己的生活与他人作比较，这样的感情迟早会分崩离析。

精神上的共同成长究竟意味着什么？它首先意味着，夫妻始终能懂得彼此的趣味。记得王小波的某篇小说中有这样一个情节，一位母亲对女儿说："一辈子很长，一定要找一个有趣的人在一起。你喜欢喝圣芝波尔多珍藏，我能品出酸甜隽永和干爽芬芳。"如果你们始终在同一个频道上，你们会越来越深刻地认识到彼此有趣的地方。

精神上的共同成长还意味着夫妻双方的三观、品德修养始终相契，且步调一致，始终能持有同一个生活目标，共同学习努力成长。你不断前行，我紧随其后。我们始终形影不离，思想和精神都处于同一个层次。于是我们变得越来越默契，婚姻也就越来越牢固。

第五章
多一分理性少一分感性,携手前做最后的确认

1. 为什么一定要在结婚前去他家里看看？

很多处于热恋中的女孩总是强调自己是个成年人，足以承担自己的婚恋选择。在她们看来，见不见家长并没有老一辈人说得那么重要，不过是走个过场而已。她们总是将"我是和这个人过一辈子，又不是和他的家庭过一辈子"类似这样的话挂在嘴边。

事实果真如此吗？当然不是。你不止嫁给了这个人，还嫁给了他的家庭。如果婚前没有考察清楚，迟早有一天会后悔。同事丽萍当初和李可谈恋爱谈到第三年，不时提出要去他家里看一看。在她的催促下，李可在那年国庆带着她回到了家乡。

他们坐了十几个小时的火车，终于来到了那个北方的小镇。刚一踏进李可父母的家门，丽萍便吓了一跳。只见屋里黑压压地挤了一堆人。原来他们都是李可家的亲戚，刚一坐下，七大姑八大姨你一嘴我一嘴地问起来："姑娘，你多大了？做什么工作啊？一月能挣多少钱啊？有我们小可挣得多吗？你爸妈干啥的？"

见他们一点都不尊重别人的隐私，丽萍皱起眉头。这时候，不知谁小声说了一句："这姑娘的父母都是做生意的，看来挺有钱的，将来他们买房子就靠老丈人了，咱家不吃亏！"

听到这些话，丽萍的心里很不舒服。等这堆亲戚走后，李可的母亲开始做饭。不一会儿，她将丽萍叫进厨房，噼里啪啦地说了一堆："我们家小可打小娇生惯养，平时你得多多照顾他。将来你嫁进我们家，要学会勤俭持家，多做点家务……"

丽萍说："我和李可都在上班，家务都是平摊的。"李可母亲口气严厉地说："男人怎么能干活呢？你挣的又没我们家小可多，还不如把工作辞了，专心顾家！"

丽萍抑制住情绪，没再说什么。晚上，她将这些话都同李可复述了一遍。想不到他轻描淡写地说："我妈这个人就这样，你别跟她一般见识啊。再说，我也觉得她的话挺有道理的，以后我主外你主内，不挺好的吗？"丽萍瞪着眼睛问："我以前怎么没有发现你这么大男子主义？"李可却不耐烦了："我大男子主义？你还不识大体呢！"

回来后不久，丽萍痛痛快快地同李可分了手。

有这样一句话：一个家庭的精神世界，往往是一脉相承、一以贯之的。以我及身边朋友的亲身经历来说，凡是重男轻女、以男人为中心的家庭，教出来的男生十有八九性格自我、过于大男子主义。凡是母亲强势、说一不二的家庭，教出来的男生大多畏首畏尾，既妈宝又懦弱。

结婚前，一定要多去对方家里看看。一是看他父母的人品，及父母间的相处之道。如果他父母为人和善、开朗，彼此相敬如宾，这个男人还是值得嫁的。

在他父母的言传身教下，想必他为人也很大气，心胸和眼界都很开阔。而且，他父母的相处方式直接影响到他的待妻之道，未来他也会像父亲疼爱母亲一样处处关怀你，疼爱你。

多去对方家里看看，也是为了考察对方父母的生活习惯。如果你发现他家里处处脏乱不堪，父母平日游手好闲，喜欢打牌娱乐，一定要心生警惕。这样的父母以后可能帮不上你们什么忙，还很有可能添不少乱，这种情况下，你盲目结婚，日后一定会吃很多苦头。

男朋友带你回家，也是考察他对你是否用心的好时机。如果他时刻在意你的感受，不停给你安全感，为了让你融入他的家庭绞尽脑汁，至少能证明他对你的心意。

如果他将你丢在陌生的环境里不管不顾，无视你的感受，只顾讨父母的欢心，你就得重新审视一下你们之间的感情了。而且，你也要仔细观察他父母对你的态度。如果二老对你十分冷淡，爱理不理，那你就要好好考虑这段婚事，因为他的家人可能根本就不认可你。

结婚是人生大事，在与他走入婚姻殿堂前，不妨多去他家里看看。多和他父母聊聊他小时候的故事，观察他身边的人都有着怎样的生活状态，用心感受他的成长环境。如果他是对的那个人，你们的心会更靠近；如果他不是，也能趁早看清。

2. 父母反对的婚姻，一定要三思

微博上有句话很流行："父母反对的婚姻，大多不幸福。"这句话里，蕴含着多少人的血泪教训。

年轻时，对父母的意见及规劝都抱着拒绝、排斥的态度。如今却打心眼里觉得，姜果然是老的辣，不听老人言确实容易吃亏在眼前。对于女人来说，一生中最大的劫难莫过于爱情。遇到错的人，便可能浪费掉整整一生。如果有父母替你把关，至少能安心一点。

刷知乎的时候，一个问题跃入眼帘："当初被父母反对的婚姻，你们现在过得如何？"有个网友的回答与我的想法十分契合："你在面对婚姻的时候，最需要看清楚的是你所喜欢的人本性是怎样的，你父母反对的原因又是什么。"

很多年轻女孩一听说父母反对这段恋情，立刻怪父母重物质不重感情、势利眼。可是，你有好好想过父母为什么反对吗？他们是生你养你的人，比任何人都知道自己的孩子究竟几斤几两。他们知道你不是大明星，也并没有美得倾国倾城，所以从未指望过能有人开着奔驰、宝马来娶你。他们无非是希望你能嫁个靠谱的人，过衣食无忧的小康生活。

他们当然看中物质条件。毕竟物质才是婚姻稳定的基础。可如果你带回家的小伙子是一支不折不扣的潜力股，哪怕暂时条件差点，他们也会持乐观态度。

怕就怕，明明对方既穷又懒自尊心又强，你却觉得好有个性，甘愿为了他与天下人为敌，与自己的父母怄气。这时候，你怎能怪父母拼命阻拦这段恋情？

还有一些女孩动不动就说父母不理解自己，也不理解爱情。可是，你要相信，这个世界上只有父母愿意无条件将你宠在手心，护在身后，他们肯定会从你的角度去考虑一切问题。他们想得如此深远，包括你能看得到的，看不到的，暂时顾及不上的。

而且，父母吃的盐就是比我们吃的饭多。时代确实在变化，但是爱情的定义却亘古不变。历经了大风大浪的父辈，比我们更能了解什么是真正靠谱的爱情。

这也并不是在劝导读者朋友，凡是父母反对的婚姻一律不要嫁。我的意思是，在涉及婚恋的问题上，如果父母提出了反对意见，请一定认真分析，仔细思索，弄清父母的顾虑在哪里。想想父母说的有没有道理，符不符合实际，而不是一味地无脑排斥。

如果父母说的话有道理，再痛苦也要听从。放弃一段感情不容易，但是长痛不如短痛，与其日后痛苦、后悔一生，不如快刀斩乱麻，早了早好。当然，如果父母说的话都是一些偏见之词，那就坚持你的选择，夫妻二人携手共进，用行动证明给父母看。

每个人都需经历才能真正了解人生。当父母说"我经历过，所以比你更明白"的时候，哪怕不能完全理解他们的心情，至少也要做到尊重父母意见，学会倾听父母的心声。

3. 婚前一定擦亮眼睛看清楚

在如今这个速食年代，很多年轻女孩但凡确认过眼神，看过几场电影，单独相处过几次便迅速地坠入爱河中，沉溺在男方的甜言蜜语里无法自拔。如果运气不好，被对方的假面孔骗入了婚姻，就得付出不小的代价。

生活中有些男人，冷血自私、喜欢玩弄感情、不负责任。在那些涉世未深的女孩面前，总是套路十足。

他们伪装得比较深，但只要留心细节，你往往能看穿他的真实为人。曾有一位读者在私信中向我倾诉了一段感情经历。她在一次聚会中遇到一个男孩，对方笑起来很腼腆，看起来不善交际但会主动替她挡酒。这些都给她留下了很好的印象。

后来，男生自称对她一见钟情。他们一起出去吃过几次饭，男生对她嘘寒问暖，照顾得无微不至。女孩对他也挺有好感，便很快和对方确立了恋爱关系。

恋爱前期，男生一直表现得很好、很体贴。但有一件事给她留下深刻的印象。有一次，他们相约一起去逛街。女孩临时有事迟到了半小时，见到男生的时候，他铁青着脸，显得很冷漠。无论她怎么解释，男生始终不给她好脸色看。

男生说自己从未谈过恋爱，可是在她看来，他很懂得哄人，也知道如何讨女人欢心。男生天天和她讲信任与空间，但很多时候她打的电话他从来不接，也从未带她见过亲戚朋友……

这些都让女孩起了疑心。女孩通过种种途径，终于调查出了事情的真相，男生三年前结婚又离婚，已经有了一个2岁的孩子！

值得注意的是，这样的男人大多不乏魅力。在面容、谈吐、眼界、情商等方面，一定有过人之处。大部分女性最初结识对方的时候，很容易被吸引。所以，他们会理所当然地认为："这是你自己的选择，上当受骗也只得怪你自己，怪不得我。"

在与这种男人的关系中，最糟糕的事情是：你被彻底洗脑，一言一行都受他的掌控。等你们的关系稳定后，他们再也不会说那些甜言蜜语了，反而对你诸多打击，他们反复嘲笑你的穿衣品味，指责你毫无上进心，不知疲倦地在外人面前拆你的台……

这种男人总是婚前一个样，婚后却大变样。你在寻找另一半的时候，一定要多多留心。记住，男人的诚意不是一束鲜花、一条文艺的告白短信或诸如此类的小惊喜、小浪漫所能体现的，那些大而空的甜言蜜语、海誓山盟随着时间的流逝，都会变成泡沫，变成浮云。

　　结婚前，不要被虚伪男人的套路所迷惑，务必要慎重、慎重再慎重！要知道真正爱你的人从始至终都会尊重你，会默默帮扶你。他们可能言辞木讷，可他们会用行动去表达。他们可能性子倔强，不会没皮没脸地哄你，可他们骨子里有原则、有血性。

4. 现在流行的婚前协议书，来一份！

在网上看到这样一个热帖，发帖人称他的未婚妻精心列了一份婚前协议书，希望他详阅完后再来求婚。他点开这份协议书，胆战心惊地读了起来。读着读着，发现自己脸湿湿的，心也变得异常柔软。这份婚前协议书的内容包括：

1. 家务采取轮流制，孕妇及病人享受家务减量权。

2. 煮饭的人不用负责洗碗、打包垃圾的人不用追垃圾车。

3. 出门报备地点，预计回来时间；加班也要报备，例句："宝贝我今天要加班，晚餐帮我留一份。"

4. 老公每月零用钱（含动漫模型费用）上限为五千元，剩余的可以当私房钱，油钱凭发票向会计老婆申请。

5. 老婆每月零用钱（含购衣化妆保养品费用）上限为五千元，剩余的可以当私房钱，小孩费用凭发票向老公申请家计支出。

…………

网友们看了也很激动，纷纷点评说："规定了夫妻双方各自的权利和义务，很公平！""跪求电子档！""给我也来一份！"我不禁想到，在西方国家，签订婚前协议的现象很普遍，可在国内，婚前协议书却并不流行，大部分人都认为这会伤害到彼此间的感情。

仔细研究了热帖中那份婚前协议，又查阅了相关资料，发现，婚前协议不仅包括财产方面的约定，我们也可以在协议书上签订情感方面的要求或者其他附属条件。老实说，婚前就将彼此的权利与义务交代得清清楚楚，反而会加固感情，减少矛盾。

一些女性读者曾提出这样的顾虑："我在一线城市有房产，这些年也攒了不少钱，男朋友的条件远不如我，想要与男朋友签订一份婚前协议，可又怕他怀疑我对他的感情。"

她拿这个问题问过身边的朋友，有人说："还没结婚就想着离婚，也太不浪漫了吧？你们怎么走下去？"还有人说："婚前协议好像将爱情变成了一场交易，一点人情味都没了。"她听了这么多反对意见，内心打起了退堂鼓，我却鼓励她坚持自己的选择。

在我看来，结婚前将婚姻中最敏感尖锐的那部分明明白白地摆在台面上，反而能形成一个泄洪口，将负面因素提早宣泄，婚姻里便只剩下坦途。

我的律师朋友曾说，她很少见到夫妻会因为一份理智而又合法的婚前协议而闹崩，却见过太多人，婚前对彼此的权利义务闭口不谈，婚后反而闹到妻离子散的地步。

有人惦记对方婚前买的房子，非说那是共同财产，结果闹到离婚也没闹清楚；有人拿对方的婚前积蓄偿还自己做生意欠下的债务，理所当然地认为这是对方的义务；还有的为了彩礼钱、婚礼上收取的礼金、老人的赡养费等撕得难看至极，让外人看了都心凉。

我支持婚前协议，是因为我永远不会低估人性之恶。婚前，他的温柔礼让令你暖心不已。感情破裂了，他却将脸一抹，恨不得将你逼到绝路。真的到了那一天，你会发现什么海誓山盟都不如那白纸黑字管用。再说了，当初谁不是白纸黑字领的证结的婚？

知乎上有位网友说得好："早谈钱，或伤一时感情；只论爱，可伤一世真心。"说到底，婚前协议真正约束的，不是那个豁达温柔的有情郎，而是那个与你锱铢必较、撕破脸皮的势利鬼。可见，婚前协议确实能够筛选掉那些居心不良的人。

婚前协议中，重中之重当然是有关财产的部分。订立协议前，夫妻双方一定要明确彼此婚前财产的范围，比如说包括工资、奖金、继承或赠予所得财产、知识产权收益在内的个人所有合法性收入。订立协议的过程中，得注意以下几个问题：

1. 婚前协议必须采取书面的形式。如果存在口头约定，必须附加一个条件，即双方都得认可这个口头协议才会生效，如果有一方否认，这个协议就是无效的。

2. 协议中不要有"婚前某项财产，婚后夫妻共同享有"之类的含糊的描述，最好明确共享的比例。按照这种描述，如果以后因为某项财产起纠纷，法律上会认为这项财产一人一半。

3. 协议中有关财产的描述一定要准确。记住，千万不要试图隐藏你的任何财产，一旦被发现会被法院认为是共同财产或者直接使得这份协议无效。

除了有关财产的协议外，两人步入婚姻殿堂前，需要提前协商的问题还有很多。比如，婚后家务分配的问题。双方共同承担还是一方做甩手掌柜，另一方全权扛起家务大旗？

结婚后生几个孩子？是不是一定要生男孩？工资由谁来保管？家庭财政大权由一方主抓还是双方共同掌管？一方如果失去工作或女方怀孕生子处于无工作状态，由谁来承担经济压力？如何赡养双方父母？婚后要不要和老人住在一起？如果老人失去行动能力，由谁照顾？

这些尖锐的问题是每一对平凡男女进入婚姻后都必须面对的。婚前的逃避只会引来婚后无数次的争吵。还不如先小人后君子，提前将一切协商好。当然，这份婚前协议书的所有内容必须是合法的，不包括任何欺诈和胁迫的手段，如此才能生效。

除了爱之外，我们还需要一份协议，去帮助我们抵抗风险。或许人心会变，但白纸黑字永远不会变。婚前谈这些或许不够浪漫，但真到了需要的那一刻，你却会由衷感谢当初你无法理解的这份协议至少为彼此保留了最后一丝体面与尊严。

5. 什么情况下，需要去做婚前公证

看电视的时候，发现一个奇怪的现象，每当小情侣结婚，一方向另一方要求财产公证的时候，后者都会觉得受到了侮辱。

爱情里，我们得一码归一码，学会未雨绸缪，既要爱得深沉，也要爱得理性。要知道虽然目前国家法律对婚前财产的持有者的保护力度不容置疑，但现实不是一板一眼刻印在书本上及人们脑海里的法律条文，它总是意外横生、魔性十足，让你措手不及。

之前刷手机的时候，看到一位网友发帖说，他为了迎娶二婚女友不惜与父亲闹到决裂的地步，见父亲如此抵触，他想出一招先斩后奏的办法，从家里偷出户口本，想先和女朋友去领结婚证，过个三年五载，父亲自然会回心转意，也不会真的和他断绝父子关系。

谁料他将这个决定告诉女朋友的时候，她却提出一个要求，领

证前先去做财产公证。听见她这样说，他心里跟针扎了似的，疼得厉害。他知道女朋友和前夫离婚的时候分了不少财产，可他并不是贪图钱财的人，他是真的爱她才会想和她在一起，女朋友却如此不信任他……

看了该网友的一番描述，不由叹息，这场爱情里，真正理智的人只有他的女朋友。要知道，最需要做财产公证的是再婚家庭，再婚者再婚前大多有着较为丰厚的资产，比如房车、存款等，而且他们家庭状况一般比较复杂。很多再婚家庭会因此产生各种纠纷，导致家庭关系动荡不堪。可如果婚前就做好了财产公证，至少能避免之后可能出现的财产纠纷。

还有哪些情况需要进行财产公证？比如，如果男女双方家庭生活条件相差太大，可以进行财产公证，明确财产产权，这样对夫妻双方都能起到一个约束的作用。

共同出资办企业或进行投资的夫妻，婚前最好进行财产公证。只因夫妻共同财产中包含公司股份及投资收入等诸多复杂形式，婚前不处理好这些，一旦感情破裂，夫妻双方的财产关系就成了一团乱麻，甚至会演变成一场场旷日持久的法庭恶战。所以，对他们而言当务之急是办理好婚前财产公证，理顺双方的财产关系，明晰分配，避免不必要的争端。

最值得我们普通人借鉴的一种情况是，由年轻男女或双方父母共同出资购买婚房时，有必要去做婚前公证。协商好各自占有的房产比例，比如各占50%，也可根据出资比例确认各自占有的比例。如果双方因故未能结婚或者离婚也能避免纠纷。如果婚房由一方出资，对方不出资，但购房合同及发票等手续都在后者名下的，做好婚前公证才是明智的选择。

而且，结婚前最好查明你的另一半是否负有婚前债务。如果有，与对方商量好婚前做一下财产公认，分清双方的财产关系，确认各自的资产，约定对方的婚前债务由对方自己偿还。这可避免婚后双方财产混淆不清，本属于你的资产被迫执行还债。

还有一种情况是，如果你的伴侣为了表达对你的那股强烈的爱意，自愿在结婚后附条件地将自己的财产赠予你，一旦你完成条件便可得到对方赠予的财产。

比如，对方与你约定，婚姻关系持续进行到第十年时，他的婚前房产将转化为夫妻共同财产。这种情况下，可先做好财产公证，这样能保证他的誓言能如期兑现。

咨询了多位法律界人士，得知办理婚前公证的程序及必要的手续各地略有不同，年轻夫妻可去到房屋所在地公证处做进一步的了解。但有一点很重要，千万别以为办理婚前公证的只能是未婚夫妻，其实已婚夫妻也可以办理。只是双方只可就各自的婚前财产进行公证。处于已婚状态中的你想要办理财产公证，得先和另一半协商好，取得对方的同意。

和婚前协议书一样，财产公证能为失败的爱情提供一个庇护所。希望所有的女性朋友都能认识到婚前财产公证的重要性，只因如梦如幻的爱情始终要经历一个落地的过程。

这个世界上哪有相爱但不能在一起的人？如果你们因为财产公证而分开，只能说明彼此爱得不够有诚意。

6. 适不适合结婚，婚前一起旅行一次就都明白了

一位女性朋友来问我："他向我求婚了，可我真的不知道我们适不适合结婚。"我提议："这很简单，你们结婚前不妨策划一次短途旅行，就全明白了。"

日本文化里中有一个词语叫作"成田分手"，而成田机场也被叫作"分手机场"，这是因为很多日本夫妻在进行蜜月旅行的时候往往会闹矛盾，最后干脆在成田机场分手。

这也正应了《围城》里赵辛楣所说的那段话："结婚以后再蜜月旅行是次序颠倒，应该先共同旅行一个月。一个月舟车仆仆以后，双方还没有彼此看破、彼此厌恶，还没有吵嘴翻脸，还要维持原来的婚约，这种夫妇保证不会离婚。"

正如赵辛楣所言："旅行是最劳顿，最麻烦，叫人本相毕现的时候。"你们只有携手经历那些不期而遇的挫折、意外和考验，才能彻底看清彼此、了解彼此。如果想知道这个男人适不适合你，

是否是你的真命天子，婚前和他至少旅行一次，即使是去很近的地方。

看某婚恋综艺节目的时候，被一对情侣的争吵所吸引。女孩说，他们五一去旅行，结果暴露出不少问题。出发的那一天，两人便吵得不可开交。女孩忙着收拾行李，让男朋友早点订车，男朋友却不听，一个劲儿地打王者荣耀。结果订的车姗姗来迟，两人差一点错过飞机。

有了这个不愉快的开端之后，一路上，两人都憋着一肚子气，谁也不搭理谁。下了飞机后，已经很晚了，男朋友背着背包，一个劲儿地往前走，而她却拖着一个大大的行李箱，脚步跟跄地跟在身后。凌晨两点，终于找到酒店。女孩忍不住抱怨了一句："我说我来订飞机票，你不愿意，那就你自己订吧，偏偏订晚上的飞机票，搞得现在才住上酒店，累死了……"

结果男朋友的脸色彻底阴沉下来。那几天，他每天睡到中午才起，晚上则喝得烂醉，把女孩孤零零地甩在一边。他们住的酒店靠近一个著名景区，女孩想要男朋友陪她去玩，对方却理都不理。女孩气极了，一个人买了票去景点逛了一天。

回到酒店后，她惊异地发现，自己的行李都在酒店大堂放着，她跑去问前台工作人员，才知道男朋友已经退房了，连一声招呼都不打自己先回去了。这次旅行之后，女孩说什么也要和男朋友分手，尽管他们原本准备在那一年国庆节结婚……

旅行好比一场短期试婚。情侣二人来到一个陌生的地方，必须要周到地考虑并协调好行程安排、消费习惯、两人分工等方方面面的问题，再加上舟车劳顿，彼此身心都处于一个极其疲倦的状态，很容易刺激情绪、激化矛盾，令大大小小的冲突一再发生。

而且，旅途中我们不可避免地会遇到很多意外，比如飞机晚点，景点排队，吃饭被坑，水土不服等等，如果两人解决问题的态度不够冷静，这些意外事件就会演变成一个个炸药包，将原本温馨甜蜜的氛围炸个一干二净。于是，我们经常听到情侣间互相抱怨：

"这地方好无聊，我早说不该来了，你偏不信。"

"人又多，天又热，还不如家里蹲呢，偏偏拖我出来受罪……"

"说好了看日出，现在都几点了？拖拖拉拉的，早起一会儿都不愿意！"

…………

热恋中的情侣，往往对生活习惯差异产生的杀伤力不以为然。旅途中相处，却让他们提前体验了一把柴米油盐酱醋茶的生活。因为需要二十四小时待在一起，彼此的缺点也被数倍放大，不知不觉间我们便将最差劲的自己暴露在对方面前。

旅途中不期而遇的凶险遭遇，能让你看清对方人性的最低处。

就算没有遭遇意外，那些烦人的小事也在一遍遍考验着彼此的情商，对方的不靠谱也会让你憋出内伤。

更值得注意的是，旅行时如果遇到了矛盾，从对方的态度、处理方法中，你能清楚地看出对方到底适不适合结婚。如果他不分场合地和你大吵大闹，或者跟你冷战到底，最后不负责任地一走了之，只能说明这个男人心态根本不成熟，完全不值得依靠。

当然，你也能通过一次旅行彻底坚定对你们爱情的信心。一个同事对我说，原本她并不确定要不要和相恋三年的男朋友结婚，经过一次自驾游之后，她却发誓非这个男人不嫁。

他们一起去内蒙古旅行，半夜，她生病了，又闹着不想去医院，他无微不至地照顾她一整晚。一个大男人为了哄她睡觉，扭扭捏捏唱起了童谣。她说至今还记得他眼里散发出的温柔光芒。第二天，她的烧退了，整个人精神很多，他却病了。尽管如此，他还是拖着疲倦的身体规划旅游路线，陪她逛街，买纪念品，给她拍照……

同事说看着这个男人像父亲一样照顾自己，珍视自己，她只感到前所未有的踏实和安心。后来遇到她的丈夫，谈起这件事，他简单地说："我有责任照顾好她。"

在我看来，旅行中他所展示出的修养、高情商及责任感无一不在告诉身边的女人："我有能力且已准备好为我们的爱情承担更大的责任。"遇到这样的男人，就嫁了吧。

如果身边的这个男人是与你一起共度余生的最佳选择，即使换了个地方，他也依旧适合你。不适合你的人，却会在环境转换的过程中暴露出诸多问题。旅行，这时候便成了一块试金石。通过旅行，希望我们都能找到那个一辈子依偎在一起看风景也毫不厌倦的人。

第六章
不断精进爱的能力，婚姻幸福才能不打折

1. 爱自己，才是婚姻里最高级的修行

什么样的女人，能将婚姻经营得很幸福？想来想去才发现，先学会爱自己，才能收获更多爱意。只有懂得为自己好好活着的女人，才能让小家庭始终散发出阳光与温馨。

我曾和身边的女性朋友探讨一个问题："怎样的婚姻，称得上好的婚姻？"她们都说，其实自己想要的不多，无非是父慈子孝、夫唱妇随，房子不用多大，够住就好，钱也不用太多，够用就好，一家人齐心协力，热热闹闹地过自己的小日子。

我们都在寻求让婚姻变得更好的法子，却在寻寻觅觅的过程中丢了自我。其实，一个忘了对自己好的女人，无论怎么努力，都很难经营得好婚姻。

朋友晴姗有了宝宝后，便做起了一位全职妈妈。可她十分舍得投资自己。在家带孩子，可以穿得随便一点，但健身、护肤等功课却不能马虎。她用自己的积蓄请了私教，每日雷打不动地去上课。

她还根据产检医师的吩咐，为自己制定了一份热量超低却又营养丰富的食谱。就这样坚持了三个月，晴珊逐渐恢复了原先曼妙的身材，皮肤也保养得吹弹可破。

带娃期间，因为有婆婆帮忙，晴珊的空闲时间多了起来。她便报了个进修班，一边学习专业知识，一边备考MBA。周末和丈夫一起去逛街，除了为家人购买必要的日用品、衣服、鞋子外，晴珊也不忘奖励自己一个好看的包包，或一件美丽的连衣裙。

她说："不指望男人能多细心，我自己得对自己好一点。我将自己拾掇得容光焕发，男人看了也舒心。没人愿意整天面对一个唠叨又邋遢的怨妇……"

那么，女人如何做才算是爱自己？在我看来，如果生活条件允许，女人一定要舍得投资自己。拿外在来说，练练瑜伽，选择合适的护肤品，努力去精进身材，保鲜容貌，努力去维持一定的生活品质。这其实不是为了取悦别人，而是为了悦纳自己。当你拥有一个清爽美丽的外表，和良好精致的生活状态时，你的内心也会变得更快乐而轻盈。

女人更要不遗余力地提升个人能力，包括审美鉴赏力、个人涵养以及工作技能等等。不要因为自己结了婚就理所当然地让自己变成一条咸鱼，将那些浅薄的肥皂剧和吵吵闹闹的综艺节目当成精神食粮。或者整天围着家人团团转，将自己熬成黄脸婆。

处于婚姻中的女人，要学会调节自己的情绪，有愉悦自己的能力，坚决不做怨妇。母亲的一位同事得知自己罹患了乳腺癌后，流着泪说："我结婚后总是生闷气，动不动就气得浑身发抖，可是，我老公却始终无动于衷，无论我怎么抱怨，生活还是老样子，我就越来越气。就这样气了几十年，他好端端的，我却得了绝症……"

婚姻里，女人面临的人际关系太复杂，每天都有无数烦心事发生。可是，纵然有千万种不愉快，我们也要学会平心静气地接受那些无法改变的事实，想办法为自己解闷，逗自己开心，让自己的生活变得多姿多彩，让自己的灵魂变得独立自由，这才是真正地爱自己。

爱自己，还意味着，哪怕遭遇不幸的婚姻，也有让自己幸福的能力，不被绝望的生活压垮。2017年，一位来自湘潭的年轻妈妈带着一双儿女跳楼自杀，现场惨不忍睹。这位母亲留下了长达十五页的遗书，字字泣血。

她在遗书中写道："如果我离开，我净身出户。呵呵，只是我带给你的我都要收回。"可以想见，生前的她有多绝望无助。她在遗书中痛斥着丈夫的凉薄、婆家的自私，详细描述了自己生不如死的婚后生活。所以，她才会选择用如此决绝的方式"回报"丈夫。

当时看到这则新闻的时候，深深为这位妈妈的遭遇而痛心。可脑海中又冒出一个想法："这样真的值吗？"为了报复对方，搭上自己和一双儿女的性命，只能让亲者痛仇者快！

按照遗书内容来看，那个男人本身冷血到了极致，别指望他能悔过反思。相信等事情烟消云散后，他自会风光再娶，开始新的人生。唯独剩下女方的父母，在寒风中肝肠寸断。

想要让婚姻变得幸福，就要懂得爱自己。遇到了不幸的婚姻，更要爱自己。没有人敢打包票说自己没有看走眼的时候，当这一切发生的时候懊悔也是无济于事，用自戕的方式来报复对方更不可取。要么果断离开渣男，要么依据实际，做出对自己更有利的选择。

当然，无论什么时候，都要努力保持姣好的容貌，持续精进个人能力，积极为自己制造幸福和满足。生活给了你风和日丽，珍惜这美好的时光好好享受；生活给了你狂风暴雨，也要不屈不挠顽强抵抗。迟早有一天，你会遇到那个更坚强更有魅力的自己。

2. 重要的是接纳，而非改变

在微博上看过一条小视频，视频中，父亲在女儿的婚礼上致辞，他看向这对新婚夫妇，目光中满含温情："婚姻不是1+1=2，而是0.5+0.5=1。结婚之后，你们两个要各去掉一半的个性，才能组成美满的家庭。婚姻不是占有，而是结合。"

婚姻里，重要的不是将彼此改造成完美无缺的"1"，而是去包容与接纳对方的"0.5"，再组成一个无比强大的"1"，一起对抗生活中的风风雨雨。

前段时间，身边的朋友都在追看热播综艺节目《妻子的浪漫旅行》。其中，一对明星夫妇之间那种甜蜜默契的感情引起了很多人的羡慕。节目中，妻子一开始就丢了行李和护照，之后也没改掉丢三落四的性格。镜头前的丈夫看到妻子的表现，担心不已。

他对主持人解释说，自己妻子的个性就是很大大咧咧。有人问："既然你都知道她的缺点，你说过她吗？"丈夫说："刚开始说过,但后来她改不掉,就不再说了。"

因为知道妻子忘性大,每次出门,丈夫都会细心地替她收拾行李,路上也会耐心地照顾她。每逢妻子单独出门工作,丈夫时不时地给她打电话,提醒她看好手机、护照……

在网上看到这样一句话:"没有冲突的婚姻,几乎同没有危机的国家一样难以想象。"冲突的源头,既在于男女双方不同的思维方式,也在于夫妻二人不同的个性等方面。

女人大多是感性动物,她们遇到一件事,往往先生出情感,后产生理智。男人大多是理性动物,他们遇到一件事,第一反应是思索问题的解决方法,之后才有空闲让情绪上场。正是因为这种差异,让婚姻中布满了大大小小的矛盾与坎坷。

更何况,一对夫妻如果是家庭背景及成长经历毫不相同,那么在性格、生活习惯等各方面都会南辕北辙。如此一来,分歧便无处不在。你看不惯我,我也看不惯你,彼此都想着将对方改造成心目中的"模范丈夫"及"模范妻子"。他们给出的理由都是:"如果你真的爱我,你就会愿意为我改变。如果你不愿意,不用说,那肯定是变心了!"

可在我看来,夫妻间的心心相印指的是精神上的高度一致,而非彼此契合、不差分毫的生活习惯。毕竟,世界上没有完全相同的两片叶子,每个人都有自己早已熟识的生活方式,都有自己不同的个性,我们打着为你好的旗号,不断要求对方变成自己心目中完美的另一半，其实是一种自私的行为。这只会伤害双方感情的根基。

见过一些女孩用指责、抱怨的方式去改造男朋友。可是，她们表现得越强势，男方对她们就越疏离，最后他们非但没有变得更"好"，反而成功地将那些缺点发扬光大。

其实，想要让对方心甘情愿地改变自己，就要允许他做自己。你无条件地接纳他本来的样子，包容他性格中的种种小瑕疵。你越是尊重对方本来的模样，对方便越是珍惜你给予的爱，才会回馈更多的爱。而这份接纳，也会让你脱离那种斤斤计较的状态，变得更自在。

有句话说得好："我们选择了婚姻就等于接受了对方的所有，无论是优点还是缺点。嫁给一个人就是嫁给他社会关系的总和，娶一个人也是娶了她社会关系的总和。"

接纳对方，除了要接纳对方性格上的缺点外，还包括接纳对方的家庭。看完杨绛自传，不由叹息，钱锺书和杨绛之间的爱情最令人感动的点正在于，他们始终接纳彼此，并携手一生。钱锺书个性孤傲，脾气不太好，杨绛看不惯这一点，却始终秉持着包容的态度。

杨绛是新式家庭中长大的孩子，对某些封建传统难免看不惯。当初两人结婚时，钱锺书家按照旧时传统提亲、定亲，她内心觉得无味，表面上却云淡风轻，一一配合。婚后，杨绛一直按照钱家的习惯做事，向来无一句怨言。

她尽力给钱锺书提供最舒适的创作环境，一直无条件地支持他写书、做学问。钱锺书在妻子面前，性情逐渐软化，一看到她便眉开眼笑。原本不屑于人情世故的他也努力让自己成为最理解妻子的人。直到钱锺书70多岁时，他还会写给杨绛写情书。

生活是一首杂乱无章的乐曲，所有的接纳都藏在生活的细节里。他口味重，你就多做点他爱吃的菜，不要逼着他同你一起吃素；他太懒，你就多承担点家务事，他也会自觉承担别的责任；你们对某件事意见不一，那就各自保持意见，求同存异……

每个人改变的前提在于，本人愿意改变。如果我们真的爱对方，就发自内心地接纳对方。对方感受到了你的爱意，也会发自内心地愿意改变自己。

夫妻原本就是不一样的个体相遇，就像一座星球遇到另一座星球，彼此激烈相撞，只会得到一个玉石俱焚的结局。在温柔融合的同时，尊重、接纳对方的不一样，从对方那里看到自己的倒影，双方一同走进光明璀璨的未来，一起成长为更好的自己。

3. 亲爱的，有话好好说

地铁上，身后那对年轻夫妇聊天的声音不时传入耳中：

男人说："五一咱们回去看看爸妈吧！"

女人说："好啊，先回去看公公婆婆，下回放假再去我家。"

男人说："今年过年干脆把你爸妈和我爸妈都接来，咱们一起过！"

女人说："真好，想想就觉得热闹！"

…………

两人的话让人听了暖心不已。古人说："至高至远明月，至亲至疏夫妻。"夫妻间能誓同生死相濡以沫，也能闹得反目成仇不共戴天。根据身边人的经历，我发现，导致夫妻关系走向至亲至疏这两个截然不同方向的最关键的因素莫过于沟通。

一段幸福的婚姻里，沟通至关重要。从人类的精神及心理层面上来说，沟通是一种强烈的需求。它同时也是夫妻感情的润滑剂。

夫妻间有话好好说，有了情绪便能及时宣泄，有了矛盾能及时化解。夫妻间动不动恶言相向，只会激化矛盾，令事情走向不可挽回的结局。

大千世界，滚滚红尘，人的一生大约会遇到2920万人，而两个独立的个体相爱的概率是0.000049。相爱的人能冲破一切障碍，顺利走到一起，概率则更低。婚姻生活布满了呛人的烟火气，两个人相处远远比一个人独处更困难，稍不留神两个人就会因为一点芝麻绿豆大的小事吵起来。越吵，这个家越是冷如冰窟，令人不自觉地想逃离。

既然是夫妻，为什么不能好好说话？为什么一定要将"你的我的"挂在嘴边？既然你们已经组成了一个完整的家庭，何必分得那么清？婚姻中彼此抱着私心，各自心怀鬼胎，这段关系怎么走得下去？我将你的父母当成自己的父母一样孝敬，你也会把我的父母当成亲生父母一样敬重、照顾。你是我的，我是你的，我们相扶相携，共度此生！

既然是夫妻，为什么一定要互相指责、翻旧账？曾经亲密无间的你们知道哪一句话能又准又狠地击中对方的要害，令对方生不如死。你们也知道曾经发生过的哪一件事，令对方耿耿于怀，始终忘怀不了，所以，为了让对方痛苦你不惜一提再提。

你们一开口就是冷嘲热讽，一旦不如意就开始指责对方，肆无忌惮地揭着对方的短，伤对方的心。你将另一半贬得一无是处的同时，又将现状不如意的原因都推到对方身上，仿佛自己最无辜、付出最多。殊不知，图一时口舌之快，只能获得一个两败俱伤的结局。

既然是夫妻，为什么不能耐心倾听对方的心声，却只顾表达自己的立场？当分歧发生时，你要给对方表达的机会，不要一开始就针锋相对。耐心听对方把话说完，站在他的立场上仔细考量他话里有道理的地方，然后再去表达你的情绪你的感受。

记得杰利密·泰勒说过："倾听是女人的魅力之一。微笑着倾听丈夫烦恼的女人，远胜过空有一张漂亮脸蛋却喋喋不休的女人。"很多时候，少说多听反而能化解矛盾增进感情。

那么，夫妻间怎样才能做到好好说话？先假设一对夫妻没有什么原则性的矛盾，那么只需做到以下几点：

1. 保持平稳情绪，学会共情。之前看过一部电影《Her》，它描述的是一个略显荒诞的故事，西奥多与妻子始终不能心平气和地交流，他们对彼此充满怨恨，最后因此离婚。

后来，西奥多疯狂地爱上了他的电脑系统萨曼莎。与动不动就歇斯底里的妻子相比，萨曼莎是那么平和、温柔，她总能细心观察到他的情绪波动，并用自己的柔和去化解，去容纳他的坏脾气。在这段看似滑稽的感情中，西奥多获得了心灵的成长。

夫妻间，不能缺少共情。说话之前，尝试着观察对方的情绪，分析他的立场，再去表达自己的观点。另外，哪怕你们之间有再大的分歧，都要试着心平气和地与对方沟通。

2．勇于承认自己的错误。如果错的是你，一定要勇于认错，不要闪躲、逃避，或死鸭子嘴硬地将错误推到对方身上。其实，只要你一句"对不起"便能融化对方内心的坚冰。

3．直白地表达自己的感受。我观察到，生活中的夫妻每逢发生矛盾，要么回避，要么攻击对方或用恶言恶语来阻挡对方的攻击，这只会造成沟通的歧义。问题发生的当下，不要说"你想怎样""你不该怎样""你怎能这样"，试着用"我觉得可以这样""我感到……"等句式来直白表达自己的感受，你越是真诚，便越能引起对方的共鸣。

听说过这样一句话："能压垮一个人的从来都不是生活的压力，而是他身边最信任的人。"对于无数小家庭来说，好好说话，是一门婚姻必修课。生气的话要轻轻地说，爱才有释放的空间；责怪的话委婉地说，感情才能越来越甜蜜……

4. 最棒的感情保鲜剂,是真诚的夸赞

婚姻中,想要不露痕迹地表达自己的爱,不妨寻找各种角度、挖空心思地赞美对方,肉麻死对方。而这也是为感情保鲜的最好的方法之一。嘴要甜一点,感情才能稳一点。

婚前我们会把最好的给对方,婚后却原形毕露,感情也就慢慢平淡了。可是,真诚的赞美却是浇灌爱情之树的"神奇药水",爱情因此郁郁葱葱、缠缠绵绵……

心理学中有一个词语叫作"皮格马利翁效应"。意思是说:"赞美、信任和期待具有一种能量,它能改变人的行为。当一个人获得另一个人的赞美时,他便感觉获得了社会支持,从而增强了自我价值,变得自信、自尊,获得一种积极向上的动力,并尽力达到对方的期待。"听了不由深受感触,我随即想起《妻子的浪漫旅行》中的一个情节。

几位明星丈夫按照节目组的要求为妻子打包行李,其中一位妻

子不停地夸奖丈夫，她充满爱意的眼神中仿佛布满了粉红泡泡，崇拜之情溢于言表。

面对丈夫的嘱咐，妻子一律说好，然后及时送上"彩虹屁"："哇，你怎么这么细心啊，我都没想到！""你太厉害了，干活比我利索多了。"她越是夸奖，丈夫便更加用心打包。

语言是有力量的。当赞美的语言萦绕在日常生活中的每一个角落，你们的心只会越贴越近。不止女人会用耳朵来感受生活，男人也是一样。再坚强的男人也不乏敏感脆弱的一面，他们渴望能受到爱人的夸奖，这让他们做起事来劲头十足，自信昂扬。

自古以来，我们习惯用"顶天立地""真汉子"之类的词语来形容男人。这让他们越来越在乎自己的形象。如果你的伴侣拥有一颗强烈的自尊心，最好掌握说话的艺术，没事就夸夸他，用这一招来对抗他的霸道任性，反而能取得出其不意的效果。

一位前辈曾发表高论说："如果天下的妻子都能学会夸人，婚后谁做家务之类的婚姻难题就能迎刃而解了。"你是不是也有过这样的体验，催促老公去拖地、洗衣服，为自己分担一点家务，丈夫虽然不情不愿地做了，结果却令你很不满意。

不是地没拖干净，就是衣服没洗干净，于是你冷着脸和老公吵起来，结果他却吵得更大声，仿佛比你还委屈。你们为这点小事吵得天昏地暗，最后不欢而散……

来看看我这位朋友的做法：她每次不想干家务活的时候，就会故作可怜地说:"亲爱的,今儿个领导视察,穿高跟鞋站了一整天,小腿都肿了,你能帮我做晚餐吗?"

丈夫通常会怜惜地说:"媳妇儿,歇着去吧!今天看我露两手。"朋友立马夸张地抱住丈夫,感激涕零:"我就知道只有你心疼我,对我最好!"一通"彩虹屁"吹下来,丈夫乐呵呵地去厨房里忙活了,她躺在沙发上吃零食看电视,不亦乐乎。

吃晚餐的时候,她吃一口就夸一声,将丈夫的手艺夸得天上有地下无,直夸得他满面红光,笑得合不拢嘴,最后更是自觉承包了那一周的家务。事后,她嬉皮笑脸地对我说:"越骂他越起逆反心,就得顺毛摸,夸得他心服口服……"

当然,夸人也是有技巧的,否则还会起反效果。总结身边人的经验,我的建议如下:

1．要真诚。记住,你是在夸赞对方,而不是在讨好与恭维对方。你可以表现得要多夸张就有多夸张,但是一定要真诚。发自内心地觉得丈夫厉害,很值得夸奖。

2．要夸到点上。年龄稍大的女人通常喜欢听到别人夸她年轻,少女感十足;年轻女孩却喜欢别人夸她成熟。不同的人喜欢听的话也不一样。你要了解伴侣的痛点在哪里,夸人夸到点上。比如"你的身材比同龄人保持得好多了""你的心态很年轻很有活力唉"……

3．另辟蹊径,发现对方细小的优点。他做得好的地方,比如事业出众、能力不俗等这一类的夸赞想必早已听得滚瓜烂熟，作为他的枕边人，你要善于去发现他身上那些不为人知的细小的闪光点，并由衷地赞美他。他一定会为你的细心感动不已。

4. 常在旁人或孩子面前夸奖另一半。你不一定要直接向他表达你的赞美，可以在同别人聊天的时候，将话题绕到他的身上，夸他多有上进心、多顾家。在孩子面前，也要多多提及丈夫的优点，将孩子眼里的父亲形象尽量塑造得更为伟岸。

有些人虽然渴望得到幸福，却什么也不想做。可这是不现实的，只因这世上从没有不劳而获的道理。不如多赞美你的另一半，这样才能让感情持续保鲜。

更何况，一个女人对自己的另一半的赞美，其实也是对自己眼光的一种肯定。反之，如果不停地在生活里找碴，找理由发泄怒火，真不是一种认真生活的姿态。

5. 想要更好相处，就去深度了解男性的心理诉求

婚姻中，很多女人并不知道另一半究竟在想什么。这往往是男女双方矛盾频发、走不长远的导火索之一。你无法看清他的灵魂底色，也听不清回荡在他内心身处的声音，所以总是无法做到步调一致。你们磕磕绊绊地走向未来，终于由并肩前行变成渐行渐远。

一位男性读者在私信中说，他真的很爱他老婆，可是有时候他又觉得老婆完全不懂他。更可怕的是，他意识到老婆也完全不想去懂他。每逢他向老婆倾诉心声，刚开了个头，老婆却自顾自地打断他的话，喋喋不休地说起今天又买了几件好看的衣服，几双鞋……

时间长了，他遇到烦心事再也不愿意对老婆倾诉，他们之间的共同话题也越来越少。在他看来，曾经那个娇俏美好的女孩已变成梦中的幻影，可遇不可求，而躺在身边的这个越来越作、越来越神经质的女人却是最世上他最熟悉的陌生人，他只想逃避……

要知道，真正美好的感情是相互的，只有源源不断地给予彼此

温暖向善的力量，爱情才能如涅槃的凤凰，不死不灭，璀璨绚烂。

如果只是单方面的付出、迁就，再美的爱情也会渐渐枯萎。所以别再怪另一半不懂你的心声了，试着去理解他，倾听他，真正走入他的灵魂深处。

以前总说，女人最怕失去安全感。其实，婚姻里最困扰男人的也是安全感。与此息息相关的，是男人在妻子面前的价值感。妻子的认同、尊重、赞扬、仰慕及崇拜，大大满足了男人的价值需求，安全感也随之而来。反之，女人有意无意的忽视、嘲讽、贬低、指桑骂槐等等会让男人瞬间丧失信心，更会让他对这段感情、对婚姻失去所有的期待。

读李安自传的时候，这种感觉尤为强烈。李安描述说，成名前他曾在家里窝了整整六年。妻子林惠嘉一力承担起了家庭开销，却从来没有抱怨过丈夫一句。

相反，她还经常鼓励郁闷的李安："安，要记得你心里的梦想！你要想拿到奥斯卡的小金人，就一定要保证心里有梦想。"有一段时间，李安实在是痛苦到了极点。见妻子忙前忙后的样子，他越发觉得自己对这个家毫无贡献，仿佛是一个废人，于是想要学电脑转行。

林惠嘉为他分析目前的处境，称赞他在家做饭、处理家务已经帮了她很大的忙，她也实在是离不开他的帮助，况且她始终觉得李安"天生我材必有用"，只要坚持下去，迟早有一天能在电影圈里大放异彩。在她的鼓励下,李安的心也慢慢变得坚定、平静。

身边一个女性朋友说过这样一句话,天底下的男人都希望自己成为问题的终结者。仔细琢磨后发现,这话确实有道理。传统教育会给予男性过多的压力,而在成长过程中,他们看到的总是母亲付出、隐忍,却很难得到来自父亲的相对应的回报。

潜移默化下,很多男人也继承了这种畸形的相处模式。婚姻中一旦发生矛盾,一般情况下男性习惯于躲进自己的洞穴,女性却步步紧逼,希望一举解决问题。

可是,你越主动,他却退缩得越是厉害。你越是给建议,或者长篇大论地去分析,他越觉得自己反倒成了最大的问题所在。所以表现得越抗拒、冷漠。

这时候,不妨将问题抛给他,同时给他多一些时间和空间,让他考虑清楚如何去解决问题。化主动为被动,让他成为问题的解决者,他才会欣然做出改变。

与另一半相处久了,你会发现,好像男人心中都住着个小孩似的。是的,无论他们外表有多坚强,内心却藏着很多不为人知的敏感与脆弱,只会在心爱的女人面前展露。

当他们流露出孩子气的那一面时,一方面你要尽量满足他生理上的需求,另一方面也要带领他领略精神上的成长。关于前者,比如说,亲手为他烹饪一顿大餐,为他营造美好温馨的家的氛围,慢慢地,他会觉得各方面都与你很合拍,生活上也越来越依赖你。

而当你们建立了一定的默契时，也会产生越来越多的精神上的共鸣。你还可以为彼此制造更多甜蜜的回忆，比如一起去旅行，去体验另一种生活……

最重要的是，他难过的时候一定要陪伴在他身边。

歌德曾说："能在自己的家庭中寻找到安宁的人是幸福的人。"婚姻中，明白彼此的需求，拼尽全力去给予彼此最热烈的感情，相互扶持，相互成长，天长地久便不再是一句空话。

6. 婚姻中女人坏一点，会让他更爱你

老一辈的人总说"男人不坏，女人不爱"，可在我看来，女人的"坏"有时候也是一种魅力。如果总是无条件地对一个人好，反而会将对方的胃口养刁。可是，适当地自私一点儿、作一点儿，反而能让这段婚姻的幸福指数上升。这正体现了"会哭的孩子有糖吃，懂事的孩子有苦吃"的道理。

女人有时候就是要不讲理一点。同事陈瑾的老公前段时间出差，那几天每晚临睡前她老公都会跟她聊上半小时，互道一声晚安，之后再休息。有一天晚上，她等了很久，也没等来老公的电话。第二天早上，老公在微信上一个劲地道歉，说昨天太累了睡着了。

结果陈瑾淡淡地回复了一句："我忙着去上班，回头聊。"那一整天，老公有空就给她打电话发短信，她却始终淡淡的，满不在乎的样子。到了傍晚，他受不了了，委屈地说："老婆，我都说了

真不是故意的，出差太累了，你也不体谅我……"

她给老公打了个视频电话，默默流泪说："你知道那天晚上我彻夜未眠吗？我担心你出了事，脑子里一直回荡着各种可怕的幻想，结果你还怪我不体谅你！"

视频中，她老公眼里溢满了感动与愧疚，哄了好久，才让妻子的情绪平复下来。出差回来后，陈瑾的丈夫破天荒地买了一束鲜艳欲滴的玫瑰，出现在她面前……

婚姻里，女人一味地好脾气，一味地忍，只会让另一半的脾气升级，变本加厉地欺负你。就算是一件小事，你也要明确地告诉另一半，你的底线在哪里。这反而能获得另一半更多的关注。否则，你迟早会被逼成怨妇。

女人的"坏"还体现在爱得自私一点，最好只倾注八分。不要将自己对另一半的爱一次性倾囊付出，你要爱得有所保留。有句歌词深深刻印在我的脑海里："得不到的永远在骚动，被偏爱的有恃无恐。"对于男人来说，越是得不到的才越是珍惜。

如果你在一开始就将所有的爱都交付出去，你就变得不那么重要了。七分爱有点少，而如果投入八分，既不会让自己受伤，同时也将主动权掌握到了自己手里。你的他会为了剩余的两分爱，持续不断地努力，总有一天，你们会达到身心灵的百分百交融。

女人"坏"一点，反而会让婚姻走上正轨。一味"外柔内柔"会让男人得寸进尺，一味"外柔内刚"也会让婚姻少很多情趣，你要自如切换这两种状态，该管的管，该松的松，该做坏女人的时候必须做坏女人，摆出一副当家作主、凛然不可侵犯的样子。

7. 舍弃一点无趣，用风情拴住对方的心

见过很多女人，明明五官秀美，却不懂得穿衣打扮，不懂得经营人际关系，更不知道该如何提升自己的魅力。她们但凡出现在人前，都是一副冰冷无趣的模样，或唯唯诺诺，或死板木讷不知进退，于是，工作、爱情、家庭上的危机接踵而至……

我所认识的徐盈，在结婚前，也是一个无比鲜活、生动的美人。她在事业上尤其自信大方，每次她踩着高跟鞋出入办公大楼，浑身光芒四射，让人挪不开视线。原本，她活得自在从容，自从碰到了现在的丈夫于洋后，女强人却一下子变身为小女人。

结婚几年来，徐盈已被生活磨平了棱角。如今的她，再难寻见眼眸中的那抹神采。她不再看书、旅行，却终日窝在家里抱怨个不停，昔日的娇嗔、体贴都变成了指责和唠叨。于洋对此很不适应，他曾开玩笑说："当年那个风情万种、浪漫性感的你哪去了？"

徐盈却面无表情地说："浪漫能当饭吃吗？老夫老妻了还说这

些肉不肉麻？"于洋满心的委屈，只觉得面前这个冷冰冰硬邦邦的女人变得越来越陌生。

后来，听到徐盈和于洋离婚的消息，我一点都不吃惊。家庭生活真的缺少不了温馨浪漫的氛围，女人的风情便是那点睛一笔。将自己变成一架面无表情的家务工具，全身心地投入家庭的平凡生活中，只能感动自己却无法感动男人。想要让夫妻之间的感情天长地久，还得适当发挥女人独有的风情，将日子过得活色生香，这样才能彻底拴住对方的心。

当女人妥协于现实生活，变得越来越不解风情，她的人生从此变得刻板、无趣，再也无法灵动起来。而当她失去了曾经的鲜活、浪漫与风情，也就失去了对男人的吸引力。

记得美国作家爱默生曾说："没有魅力的美，就如同没有鱼饵的钓钩。"男人喜欢年轻漂亮的女人，不单单是为皮囊所吸引，他们更爱对方身上那独特的风情与魅力。女人喜欢英俊成熟的男人，不单单是爱上了他们的相貌，也同样为他们的风度所着迷。

为什么有的婚姻走着走着就散了？有的人爱着爱着就变心了？不单单是因为你的眼角爬上了皱纹，你的容貌受到了岁月的侵蚀，不再如当年那般美得清新脱俗、惊心动魄。还有一个重要的原因在于，你羞于向对方释放曾经的似水柔情，你不再注重情调，又不愿意展示体贴、浪漫的一面……于是，这个家也因此变得冰冷无趣、了无生机。

风情与年龄无关。一些年轻女孩虽然美丽，眉眼间却全是青涩，终归少了点味道。历经世事的女人如果懂得利用自己的风情，却自有一股浑然天成的美丽。她们懂得察言观色，知道什么时候该开怀大笑，什么时候该低头浅笑，举止间进退自如，就会美得令人过目难忘。

沈萱无疑是我见过的最有风情的女人。她比我整整大十岁，外貌顶多只能算清秀，举手投足间却十分吸引人。与我们后辈聊天的时候，她总是说："女人在恋爱和婚姻中适当地'色'一点，将每天的日子都过得趣味十足，男人才离不开你。"

见我们迷惑不解，她笑着解释说，所谓的"色"与色相无关，她想要说的其实是保鲜爱情的一点小智慧。沈萱特意举了个例子，年轻时每次发工资的时候她都会偷偷在丈夫的外衣口袋里放一点现金，这样丈夫每次换衣服时都会觉得惊喜十足。

她还会在家里藏一些小礼物，再给她丈夫一点提示，让他挖空心思地去寻找。每隔一段时间，沈萱会撺掇丈夫放下工作，和自己来一场二人约会，并美其名曰"抛家弃子，来一场说走就走的旅行"。丈夫谈兴正浓时，她会仰着脸倾听；丈夫闭口不言，她也能get到他内心的潜台词。就靠着这些小手段，十几年过去了，他们的感情一直很好。

沈萱的"色"其实就是风情，富有风情的女人不会那么刻板，大多性格活泼，心胸宽广，有自己的想法，不会拘泥于眼前的生活。和这样的女人待在一起，每天都无比新鲜。

富有风情的女人还十分懂得欲擒故纵、以退为进的把戏。正如沈萱所说："男人骨子里都有劣根性，你越是付出，他越不懂得珍惜。你越重视他，他反而不把你当回事。"

在她看来，女人如果整天围着男人打转，将自己改造成他喜欢的样子，或许可以一时地取悦他，却迟早会引起他的厌烦。所以，适当的时候，不妨冷一冷他，给他一些危机感。

婚姻中一味地迁就迎合，只会让男人感到索然无味。富有风情的女人却懂得张弛有度，在恰当的时候冷一冷枕边人，反而让两人之间爱得越发炙热缠绵。

有时候，你不是丧失了散发风情的能力，而是彻彻底底忽视了这项能力。多花点心思，将平淡的日常变得丰富多彩，生机盎然起来，你便会成为他眼中最有魅力最值得珍惜的女人。

第七章
你的婚姻危机感十足，你意识到了吗

1. 过日子不怕吵，不怕闹，就怕不吵不闹

记忆中，爷爷奶奶的相处模式就是"两天一小吵，三天一大吵"。有一次，奶奶又和爷爷大吵一架，我拉着奶奶的手，气狠狠地说："爷爷脾气太坏了，奶奶，以后爷爷说话您甭搭理他！"可奶奶却摸着我的头，叹口气说："你还小，不懂这些……"

长大后，才明白奶奶当时的心情。有一类中国式婚姻，用沉默代替宣泄，用忍耐换来安静。夫妻双方不吵不闹，表面上看相敬如宾，暗地里却彼此疏远。

大学同学李蕊刚结婚那会，动不动就在好友群里发牢骚："我肯定是嫁错人了，他动不动就和我吵架""这个人都是睚眦必报，一点口头上的亏都吃不得"……

她和她老公之间其实也没什么原则上的矛盾，单纯为一些生活琐事吵个不停，嘴上谁也不肯受气。记得有一次，他们一起出去看电影，居然为"主角是哪国人"这个莫名其妙的小问题吵翻了天。

事后她将微信个性签名改成：“能不吵了吗？心累！”

谁料那天之后，她的老公画风一转，像变了一个人。以前，李蕊说往东，他偏偏说往西。现在，无论李蕊说什么，他都会来一句："都听你的，你说怎么办就怎么办。"

他们去为新房子挑选家具，李蕊故意只挑自己喜欢的绿色、蓝色，却对他偏爱的"黑白灰"视而不见。搁以前，他早大声嚷嚷起来了。可如今，面对妻子的挑衅，他却无动于衷。李蕊心里憋着一股火，气得掉头就走，老公顺从地跟在她的身后。

听李蕊说起这件事的时候，大家都觉得奇怪："你不是最讨厌他'百讲百怼'的吗？如今他听话了你倒不开心？"李蕊咬牙切齿地说："别提了，心里都是火，偏偏没处发泄。以前吵得再凶的时候也没动过分开的念头，现在却时不时觉得，这日子没法过了！"

李蕊开诚布公地和老公谈了一次，不出几天，他们便又恢复了以往吵吵闹闹的相处模式。聚餐的时候，听他们你一言我一语地怼来怼去，大家都觉得被塞了一嘴狗粮。

婚姻里一方对另一方言听计从从来就不是一件好事。你有没有想过，当另一半将"都听你的，你说的都对"挂在嘴边的时候，他心里的真实想法是什么？

他要么是为了安抚你，避免彼此间再一次发生冲突；要么是为了敷衍你，用一句"你说得对"来结束整场对话。无论你受不受用，问题都就此埋下了。

其实，有人的地方就避免不了矛盾。朝夕相处的夫妻更是如此。哪怕志趣相投、三观相近也解决不了骨子里的差异。一开始，对方为了息事宁人将问题埋在心里。可是问题会随着时间越积越多，再有忍耐力的人也会不堪重负。迟早有一天，理智的弦会彻底崩断。

另外，不吵不闹，有时候也代表着一种冷暴力。他说他对你毫无意见，其实是对你毫无期待、毫不在意。你们对婚姻完全没有了期待，日子怎么过得下去？

美剧《黑镜》中有一集，因为一场车祸，女主角永远失去了爱人。她沉浸在对爱人的思念中无法自拔。后来，女主角在网上查阅到一家科技公司，能按照人在现实生活中的样子制造一个AI翻版。女主角为了让逝去的爱人回到自己身边，向科技公司递交了一份申请。

很快，"爱人"回到自己身边了。一开始，女主角很兴奋。可当她从巨大的喜悦中清醒过来时，心里却颇不是滋味。以前，他们之间会发生矛盾，会吵得不可开交。可如今，躺在身边的"爱人"实在是太听话了。她说什么，他都说好；她做什么，他都赞同。她逐渐明白过来，身边的他只是一个毫无灵魂的复制品而已，根本不是她曾深爱的那个人。

在一篇文章中看到，被誉为"婚姻教皇"的约翰·戈特曼认为，适当的冲突反而会成为夫妻双方亲密感的催化剂，同时，冲突在一定程度上也能暴露一些矛盾。在约翰·戈特曼看来，冲突发生的时候，一味回避永远也不可能找到问题的解决方法。

比起吵吵闹闹的伴侣关系，那种宁静得如一潭死水的婚后生活要可怕得多。一句"都听你的""你怎么说我怎么做"看似避免了冲突，但婚姻也因此变成了一出哑剧。他沉默以对，你哑然失声，无数话语堵在嗓子眼，又吞回肚子里，你们的感情也慢慢走到尽头。

感情，不怕吵，不怕闹，高质量的争吵反而能增进感情。爱情往往有一个梦幻而又美好的开始，但真正牢固的婚姻都是从大大小小的争吵中总结经验、吸取教训，慢慢打磨、积累而成。而两两相对，一言不发只会让日子越过越冰冷，越过越索然无味。

过日子吵吵闹闹才有烟火气，才充满人情味。那种从不吵架的婚姻只是理想中的状态，如果它真的发生了，那么你的婚姻极可能出现了问题。如果你的另一半突然有一天对你言听计从起来，他很可能是对这段婚姻疲倦了，失望了，你一定要引起重视。

2. 他宁愿待在办公室也不肯回家的原因，你知道吗？

《相爱十年》这部剧一度很火，其中有个情节留我留下了深刻的印象。窗外夜色沉沉，男主角坐在办公室里发呆。同事敲门，问他怎么还不回家。

男主角借口说自己还有点事要处理。此时，女主角待在家里，心如死灰地看着电视剧。男主角突然问同事："为什么两个人，在一块待久了，反倒陌生了呢？"

很多女人也发现，结婚久了，曾自诩是你"灵魂深处一剂良药"的他变得越来越不着家。他可以承担所有养家糊口的责任，月月按时上交工资卡，但是他越来越不愿意和你单独相处了。不愿意倾听你的心声，不愿意和你沟通交流，只留给你一个冰冷的背影……

某网站针对现代社会男人不爱回家的现状展开了一系列调查。

调查发现，男人不回家的理由多种多样，总结起来有以下几点：

1. 身不由己型。一位长辈曾在家族聚会中抱怨说："我这半辈子以来都在为工作忙得团团转，开会、应酬、出差，几乎每天都忙到半夜，简直是身心俱疲！"如此一来，他们难免要冷落家庭，冷落枕边人。

2. 向往自由型。对于这样的人来说，外面的世界灯红酒绿，比枯燥无味的家庭生活要有意思得多。他们天性爱玩，爱热闹，哪怕结了婚也不愿意收心。

3. 逃避型。有个男性朋友曾向一众好友吐露心声："有时候，我下班宁愿待在车里抽烟刷抖音，也不愿意回家。累了一天了，老婆一看到我就逼问我为啥不接电话。爹妈退休在家，整天问我要不要生二胎。娃动不动就哇哇大哭，怎么哄都不行，唉……"男人不愿意回家，因为一推开家门，迎接他的必然是一地鸡毛，他不得不承担起丈夫、父亲、儿子的责任，同时拼命压缩自我的精神需求。

4. 厌倦型。朋友薛柔和男朋友陈刚结婚后，将生活打理得井井有条。她每天按时为下班回家的丈夫准备爱心晚餐。

这样的生活，在薛柔看来几乎完美无缺。可结婚五年之后，陈刚变得越来越不着家。他总是借口加班，很晚才回到两人的小窝。在薛柔的请求下，我曾与陈刚就这个问题进行沟通，他吞吞吐吐说："目前的日子一天天过得像复制粘贴一样，我只想逃避……"

如果你爱上了一个不回家的人，如何重新抓住他的心？作为女人，你要尝试着走进另一半的内心，了解到他真正想要的是什么。她们会在男人心情低落的时候给予更多耐心，不去抱怨，也不去说教，更不会给予"假大空"的鼓励，仅仅是默默陪伴在另一半身边。哪怕男人忙于应酬，忽略了家庭，她们也不会喋喋不休地怨怪对方，而是真正理解对方的付出，做另一半最坚强的后盾。

作为女人，你不能无休止地围着对方打转。你要给他足够的空间，也要给自己足够的空间。如果你的另一半结了婚还是爱玩，不愿意收心，保持精神与经济上的独立性对你而言有利无害，你随时可以全身而退。如果他对你产生了审美疲劳，或者厌倦了一成不变的婚后生活，你如果能学会放手，给予他一定的自由，反而能唤醒他对于这个家的热情。

尝试着为生活注入更多的新鲜元素，或者干脆让出夜生活的主导权，让他来安排。两个人的居家生活步调是磨合出来的，所谓的新鲜感也是你们主动寻找创造的。

靠一哭二闹三上吊，用威逼利诱让另一半回心转意，结果可能会事与愿违。家之所以为家，或许是因为家里永远有一个人可以懂他所有的高兴与哀愁。

如果你为了营造一个温馨舒适的家庭氛围耗尽心思；如果你发自内心地体贴他、关心他，他与家的联系只会变得越来越紧密。

3. 夫妻之间最可怕的危机，就是信任危机

没事就胡思乱想，动不动就玩信任测试；在另一半工作期间连环call，对方不接就一直打下去；偷偷翻看另一半的聊天记录，要求他删掉所有女性朋友的微信；在另一半暂时离开视线的时候不停查岗，要求他随时报告行踪，尤其在和朋友聚会的时候……

婚姻生活中，以上场景从不罕见。只因大多数的女人都缺乏安全感，投入感情的时候又太容易恋爱脑，她们对自己不够自信，对男人也不够信任。

如果说，女人种种猜疑举动本意是为了寻找安全感，可这样做的后果却会让原本很牢靠的婚姻变得不再安全。男人只会直觉地认为，自己受到了挑战和侵犯。而不被信任的感觉，仿佛是在被生活一遍遍"打脸"，让人不爽极了。夫妻间的信任危机就此蔓延开来。

夫妻之间，最重要的就是信任。试想，陌生人对你怀疑的打

量、质疑都会让你寒心，更别说与你朝夕相伴、感情深厚的伴侣了。你们之间的信任一旦崩塌，感情就会走入死胡同。而当下许多面临崩溃的婚姻，夫妻之间多多少少都存在着信任危机。

曾听过这样一个有趣的比喻：信任是一张白纸，一旦有了褶皱，痕迹便永远存在。彼此间的信任之所以珍贵，正是因为它太脆弱了，一旦被摧毁，想重新建立起来谈何容易。

你要相信，如果一个人真的爱你，他的爱一定能经受得住时间的考验，更能抵抗得住外界形形色色的诱惑。如果一个人对你只是虚情假意，你不用费尽心机地去进行那些信任测试，或者偷偷摸摸地去窥探，仔细观察他的眼神，聆听他说话的语气，分析他的身体语言，通过朝夕相处的种种细节，你一定能准确判断出他是否变心。

如果你心里埋下了一颗不信任的种子，终日怀怀疑疑，百般刺探，只会让另一半活得像油锅里的蚂蚁，心慌焦虑。

对于女人而言，如何结束这种不信任的状态呢？不如参考以下意见：

1. 约束自己的行为，提高对另一半的信任度。不要试图去刺探对方的反应和心意。不要在他工作的时候打扰他，哪怕他已经一天没给你发信息了；不要在他接洽客户的时候频繁查岗，哪怕客户是一位妙龄女子；不要对他的女性同事指手画脚，或干涉他与同事之间正常的交往；胡思乱想的时候，强迫自己镇定下来，找点事情做，充实自己的内心……

2．察觉不对劲的时候，直截了当地向对方坦诚自己的担忧。你对另一半反复试探也是为了得到一个明确的结果，可如果对方行得正、坐得直，你的不信任便让双方的感情产生了裂痕。这时候，不如反其道而行之，向他表明你的信任，以谈心的姿态表达自己的顾虑。

你越真诚，对方欺骗你的可能性就越小。如果他真的骗了你，那一瞬间也会露出马脚。

3．提升自己的硬核实力。一般能力强的女性很少对另一半百般试探，她们会自己给自己安全感。只有不自信的女人才会不停查岗或偷看对方的手机。有空去怀疑他，不妨将这些时间和精力拿来提升自我。等你变得强大了，婚姻里你便不再是被动的那一方。

婚姻里，信任和体面没有了，再甜蜜的回忆也维系不了感情。如果你们相爱，就一定要发自真心地信任对方。如果这爱早已不复存在，也不要欺骗对方，实话实说就好。偏要互相猜忌，互相折磨，亲密的爱人反而会成为彼此人生中最大的敌人。

4. 别让你的婚姻被无效争吵拖垮

之前趁着休假将那本名为《如何正确吵架》的畅销书从头读到尾，做了不少笔记。这本书由鲍勃·莱特和朱迪斯·莱特夫妇共同撰写，字里行间无不融入了亲身体会。

莱特夫妇介绍说，在婚姻中他们曾遭遇不少问题，无休止的争吵令他们的婚姻走向崩溃的边缘。后来，他们痛定思痛，慢慢学会了从争吵中挖掘问题，从争吵中解决彼此的渴望。此后这对夫妇便越吵越甜蜜，越吵越幸福，原本摇摇欲坠的感情意外得到升华。

可见，只要掌握争吵的技巧，成功实现高效争吵，你们之间完全能吵出真爱。而无效争吵却能让一对原本相亲相爱的夫妻吵到分手的地步。那么，何为无效争吵？

一直记得这样一个故事，钱锺书夫妇曾因为法文"Bon"的读音吵了起来。钱锺书说杨绛发音不标准，杨绛说钱锺书的口音中掺杂着乡音，两人越吵越认真，最后双双闹得个脸红脖子粗。当时，他们身处一艘出国的轮船上，船上正好有一位精通英文的法国人。

于是，夫妇俩就"Bon"的读音请教这位法国人。法国人指出，杨绛的发音地道、标准，而钱锺书的读音怪怪的。钱锺书一听，脸上显露失望的神色，整个人都蔫了。

杨绛原本以为自己好不容易打赢了这场战争，会很开心，可当她看到丈夫失落的样子，心酸一点点爬上心头。她开始思索：就为了一个读音，差点伤害了夫妻多年的感情，这场争吵真的值得吗？从那以后，杨绛彻底放下了那颗争强好胜的心。只因她明白了这个道理：家庭不是论理的地方，如果非要争个输赢，再深的感情也经不起消耗。

在《如何正确吵架》这本书中，莱特夫妇逐一列举、分析了婚姻中常见的十五种可以建立或者破坏夫妻关系的争吵类型，如下：

家务分配；财务归属权；沟通不畅；欲求不满；推卸责任；原生家庭矛盾；"如果你真的爱我"；"我受不了你"；"你爱……胜过爱我"；"为什么我之前说的你不听"；"你总是/你从不"；"你骗了我"；"你跟你妈/爸一个样"；"你变了/你不会改的"；"你真丢人"。

如果夫妻针对以上一点或几点问题进行争吵，且每次争吵都是在争输赢、争对错，要么情绪激动互相指责、攻击；要么一方逃避、妥协，却始终不去解决问题，那么这场争吵就是无效的。吵得越多，矛盾越会被激化，事情也会变得越发糟糕。

与无效争吵相对立的，是有效争吵。有效争吵通常具备以下几个特点：

1．通过争吵找出矛盾产生的原因。

2．争吵，让我们更加了解彼此最核心的需求。

3．因为争吵，我们解决问题的态度变得更积极。

4．指出对方和自己的优缺点，在争吵中一起成长。

吵架要讲究火候，即分寸和技巧。想要实现有效争吵，不妨参考以下建议：

1．善意地吵，唤醒渴望。不要将吵架变成一场控诉会，只为了彼此撒气而争吵。正确的做法是，深层次剖析争吵的原因——内心深处某种渴望没有得到满足。唤醒渴望，就能找出问题发生的原因，并让争吵围绕着这一目标进行。问题解决的方法因此会水落石出。

2．平等地吵，互相尊重。作为女人，不要将自己摆在道德制高点上，动不动对另一半冷嘲热讽，这只会激怒对方，给双方的感情减分。另外，不要抢白或打断他的倾诉。

很多女人认为自己完全知道男人想说的是什么，无非是借口而已。可这种高高在上、自以为是的态度只会引起他的逆反心理。你应该仔细聆听他的辩白，再做分析。

3．不要动不动就撂狠话。"行，你等着，大不了这日子不过了！""你是不是想离婚？离啊，谁怕谁啊！""你是我见过的最没用的男人，分手吧！"……很多女人气急了就放狠话，动不动说分手和离婚。男人或许一开始会在乎，可听得多了，也就麻木了。所以，千万不要用这一招去恐吓另一半，一旦弄假成真难免会追悔莫及。

4. 吵架时注意避开危情时刻。有瑞典学者研究指出：每天一共有1440分钟，其中每天早晨出门上班前的4分钟，和下午回到家的4分钟，夫妻发生争吵的频率高得吓人。而这两个时间段也是我们最为疲惫的时刻。所以，千万不要在这两个时间段内进行家庭情感等方面的讨论，这种讨论很可能会演变成一场无效争吵。一旦两个人针尖对麦芒地吵起来，感情极易受损。

还有一点需要注意，每次吵架后，如果确实是自己的错，请在第一时间道歉。如果错不在自己，适当的时候抛出和平的橄榄枝，让他有个台阶下。一味咄咄逼人，寸步不让只会破坏你在他心中的好印象。而你的温柔却会消解他的戾气，让他一拳打在棉花上。

在"80后"夫妻和"90后"的恋人之间，越吵越幸福的例子比比皆是。关键是，我们吵也得吵得有格调，有技巧，让争吵来达成完美的亲密关系，实现彼此的成长。

5. 压垮婚姻的，是很多你不以为意的细小伤害

前段时间和几个朋友聚聚，说到离婚这个话题。

因为其中有位朋友是离异单亲妈妈，我们便问她为什么会离婚。

"你们三观上有分歧？"她摇头。

"你们在重大利益方面出现了偏差？"她继续摇头。

"他出轨了？"她还是摇头。

"那是为什么？总有具体的原因吧。"我问。

她脸上神情复杂："说不清楚，都是一些小事吧，慢慢感情也消耗完了。"

她回忆说，和前夫商议离婚协议的时候，前夫谈起多年的婚姻生活，情绪越来越激动。前夫说她以前总是嫌他胖，嫌他品位差，他喜欢的家装风格在她看来很low，他喜欢的车她不屑一顾，每次和他一起回老家，她脸上虽然挂着笑，肢体语言却很是生

疏、冰冷……

听着听着,她怒不可遏起来,大力回击说:"你还有脸说我?你不也老是嘲笑我生了孩子后直接变成家庭妇女了吗?每次看到我肚子上的妊娠纹都跟看见了脏东西一样!让你陪我散散步、逛逛街,你死活不愿意!还有,我到现在也不知道你的手机解锁密码……"

朋友回忆着往事,脸上神色复杂。确实,多数时候,压垮婚姻的,不是共同利益和重大观点出现了分歧。婚姻不是从面红耳赤中崩塌,而是从一顿饭、一句晚安、一件衣服、一声早安中开始变质。无聊、不耐烦、失去信心、没有安全感,这些负面的感触,从细小的生活瞬间,潜滋暗长,最终主导了婚姻走向。

能够压垮婚姻的,不仅仅是背叛、家暴这一类惊涛骇浪式的大事件,还有很多不为人注意的小伤害。比如对方一句嘲讽的话,一个冰冷的肢体语言。无数细小的伤害充斥在婚姻生活中,明明看不到血迹,似乎也没留下伤疤,可内心早已千疮百孔。

心死是在一瞬间。但在这之前,累积了多少委屈、心酸和愤怒。它们都由一些极其细小的事件或看似不经意的行为引起。总有过来人劝你:"这多大点事啊,忍忍就过去了。"可迟早有一天,你心里会骤起一声惊雷:"再也忍不下去了!"

突然想起蔡康永在某节目中说过的一段话:"人与人之间是有一个情感账户的,每次让对方开心,存款就多一点,每次让对方难过，存款就少一些。不要一味地从当中提领，任性地觉得，你的钱永远挥霍不完，不是的，存款变成零的时候，就是对方离开的时候。"

量变引发质变，那些细细密密的伤口一旦蔓延、累积，迟早会抹去爱情的痕迹。在我看来，生活中爱情的悲剧很少围绕着生离死别等宏大的主题，最常见的无非是冷漠和忽视。而对生活中那一桩桩小事无比在意，对相处中的点点滴滴无比珍惜的婚姻关系，方能走得长远。

宣晴和吴非是朋友圈里人人称羡的一对。宣晴说，她最爱的是吴非的细心，他们一起逛街时，他总是让她站在较为安全的里侧。上了地铁，他也会将她护在臂弯里，而不是自顾自地玩手机。出去吃饭时，他尽点宣晴爱吃的，然后一脸满足地看着她大快朵颐。

吴非却说，他最爱的是宣晴的耐心和体贴。出门前，她会替他打好领带，对他说加油。下班时，她早已准备好了一桌饭菜。她总是耐心地听他天南地北地瞎侃，眼里都是温柔的神色。她从不乱翻吴非的手机，无论是他的家人、同事和朋友都尽心对待。

所谓"成也萧何、败也萧何"，婚姻可能会因为一些细小的伤害走向崩溃，也会因为一件件幸福的小事历久弥新。那些不引人注意的细节，却可能成为幸福的最大来源。一个暖心的微笑，一个温柔的拥抱足以安慰你们的婚姻，让两颗孤独的灵魂再次靠近。

如果你意识到你们的婚姻出现了问题，仔细思索，你们的婚姻中是否布满了那些细小的伤口？你有多久，没有真正地关心他了？有多久，你们没好好聊过天了？

别让你的婚姻被那些细密的伤痕淹没。他向你倾诉工作中的烦恼时，放下手机，温柔地看着他，耐心倾听；出门时，挽住他的胳膊，像恋爱时经常做的那样；及时回复他的每一条微信，用亲昵、温暖的口气；永远不在外人面前拆他的台……

如果你的伴侣常常在小事上忽略你的感受，找一个清净的日子，与他深入交流一次。你要恳切地诉说你的烦恼，郑重其事地请求他，重视你的感受，为彼此留下最暖心的回忆。

记得鲁迅先生曾说："一劳永逸的话是有的，而一劳永逸的事却极少。"用心经营的婚姻和爱情，不会让你失望。让你们的改变从生活中的小事开始。

6. 你有多久没有听到对方的甜言蜜语了

想要让夫妻关系始终和谐甜蜜，不妨时常对另一半说些贴心话、恭维话。如果夫妻间的甜言蜜语越来越少，一方再也懒得哄另一方开心，一定有一个人厌倦了这段关系。

传统观念里，老一辈人总觉得夫妻间的交流应该"少点虚的，多来实的"，直白、实在就好，而那一套油嘴滑舌、甜言蜜语都是不正经的表现。实际上，情话不只是热恋男女的专属，它更为夫妻搭建起了一座完美的沟通桥梁。夫妻间的甜言蜜语永远不嫌多。

诗人徐志摩受人欢迎的原因——善于说甜言蜜语，让人如沐春风。追求陆小曼的时候，徐志摩深情款款地说："我将于茫茫人海中访我唯一灵魂的伴侣，得之，我幸，不得，我命。如此而已。"这句话彻底打动了陆小曼的心。

结婚后，徐志摩对妻子说起话来愈发缠绵悱恻。翻开那本他写给陆小曼的《爱眉小记》，处处可见那种浓得化不开的情谊。他对陆小曼说："翻山越岭来见你，度过山川和河流，领略过世界的博大后却发现，什么都比不过如此美丽和可爱的你。"

他说："眉，你真玲珑，你真活泼，你真像一条小龙。我爱你朴素，不爱你奢华。你穿上一件蓝布袍，你的眉目间就有一种特异的光彩，我看了心里就觉着不可名状的欢喜。"从这些"肉麻"的诗句中，后人想象着他们曾一起度过的甜蜜时光，亦羡慕他们之间的情深。

婚姻，缺少不了甜言蜜语的浸润。"都老夫老妻了，没必要说那些花里胡哨的。"这种想法真是大错特错。脚踏实地地过日子和甜言蜜语之间并不冲突。如果你已经用实际行动证明了你的爱，何不再加上甜言蜜语这道佐料，来一个锦上添花？

如果你们之间失去了热情，只剩下麻木，且对甜言蜜语有着共同的反感与排斥，相信我，接下来，各种问题、矛盾会在你们今后的生活中层出不穷地涌现。你们的关系终将走向不可调和的地步。在那些根基稳固的婚姻里，甜言蜜语从来不是稀缺品，而是必备品。

如果你的另一半热衷于对你说一些土味情话，不妨欣然接受，并积极给予回馈。要知道，婚姻生活中，需要甜言蜜语的不只是女人，男人也是一样。

记得一位心理学家这样说，夫妻之间每天至少得向对方说三句以上的情话，比如"我爱你，你的一切都如此迷人""没有你，我便不完整了""你是我唯一的归宿",等等。他特意强调了夫妻之间,意指这是一种双人游戏,而不是一场独角戏。

如果他孜孜不倦地对你付出热情,得到的只是你冷淡的回应或者无情的嘲笑,只会令他的自尊心大为受损。慢慢地,他再也不愿意对你抒发爱意了;慢慢地,他变得不那么爱向你透露心事了;慢慢地,他和你相处的时候越来越少,他越来越不着家了……当这一切发生的时候,你只能怨怪自己当初为什么要残忍地拒绝他的真心。可是,后悔也无济于事了。

对于男人而言,即使他们内心有着被呵护的渴望,也有着软弱的一面,这些隐秘的心声却很难启齿。作为女人,洞察他的心事,通过甜言蜜语来给另一半鼓励,让他充满信心和力量,会让你们之间的联系变得更紧密,让你们的爱变得更强大、无懈可击。

我越来越觉得,夫妻之间建立自己私密的交流语言极其重要。它预示着你们之间的默契,更代表你们已经磨合出了一套独属于你们的婚姻相处之道。记住,幸福的婚姻很简单,时不时来一点儿甜言蜜语,让它浇灌你们的爱情,让你们的婚姻永葆青春。

7. 夫妻感情越来越差，房事的频率就会越来越少

记得一篇文章介绍说，在社会学家看来，夫妻间如果不存在生理疾病或意外，却长达一个月以上没有进行和谐默契的性生活，即可称为无性婚姻。多少女人心酸地安慰自己，有没有夫妻生活都不重要，我们始终站在同一阵线上，我们还有回忆，还有爱。

可是，太多现实案例告诉我们，房事频率与夫妻之间的感情息息相关。广东省民政局的一份调查报告显示，近90%的离婚夫妇给出的离婚理由都是性格不合，调查后却发现，他们离婚的实际原因为性生活不和谐。

身边一个朋友坚持认为，夫妻之间的感情是可以睡出来的，而夫妻生活越来越少，正是感情慢慢变差的征兆。如果真走到了无性婚姻的地步，迟早会迎来一拍两散的结局。

这段感悟来源于朋友的亲身经历。她与丈夫恋爱两年，结婚四年，感情一直很好。不知怎的，生了宝宝后，她越来越抗拒和丈夫

睡在一起。每次丈夫提出同房的要求，她都会找出各种理由去拒绝。见她一心扑在孩子身上，丈夫的态度也悄悄发生了变化。

有一次，丈夫一连出差半个月。她给他发一长段微信，他回复的语气却很敷衍，匆匆几个字了事。她给他打视频电话，视频那头的他淡淡的，两人聊不了几句就互告晚安。

她既诧异又伤心，不明白丈夫为什么突然对她这么冷淡。她怀疑他出了轨，却又找不到实质性的证据，只好终日胡思乱想。谁料，丈夫因此对她越发反感，干脆搬去了书房睡。

她想要挽回两人之间的感情，于是去咨询了一位著名的婚恋专家，并将这段时间的生活经历和盘托出。专家细细凝听，指出："是你一次又一次的拒绝，让他离你越来越远……"

从怀孕到产后，女人的身体经历着剧烈的激素变化。大量分泌的孕激素会让女人性欲下降，夫妻生活也随之减少。加上宝宝出生后，女人的注意力大多聚焦于宝宝身上，三句话不离孩子，对丈夫诸多忽略，往往夫妻感情已走入了崩溃边缘，她们却懵懂不知。

夫妻间缺乏"性趣"的原因还有很多，比如生活压力太大；身体机能下降；对彼此审美疲乏，产生不了兴趣……然而，性在某种意义上是婚姻的照妖镜。缺乏性生活，会腐蚀掉两人感情的根基。它对婚姻带来的负面影响，远比你想象的要大。

首先，被拒绝的一方会产生愤懑抑郁的情绪。他们会反复忧虑，是不是因为自己不够有魅力才使得伴侣频频拒绝自己。久而久谓一别两宽、各自安好，不如放自己一条生路，还彼此一个体面，这也是在尽全力保护孩子的成长，对孩子而言益处大于弊处。

所以，该离的婚，痛痛快快地离吧。不要以孩子为借口捂着、拖着、忍着，还要将自己的痛苦强加于孩子身上，然后怨孩子耽误了自己的人生。孩子需要的，是你能得到真正的幸福，然后为他营造一个温馨、快乐、无忧无虑的成长氛围。

4. 家庭破裂，该怎么和孩子聊离婚这件事

"爸爸妈妈要离婚了"，所有父母都不愿意对孩子说出这样一句话。可在现实生活中，越来越多的夫妻走上了这条路。这时候，如何和孩子坦陈这一切便成了一个难题。

身边有个朋友坚持认为，离婚是大人的事，孩子还小，没必要知道这一切。可在我看来，离婚瞒着孩子，对孩子的成长是有害无益的。很多孩子天性敏感，即便你什么都不说，他也能察觉到很多异常之处，并因此产生自卑心理，认为自己和其他孩子不一样。

其实，夫妻之间如果感情走到了尽头，分开各寻幸福本无可厚非。面对孩子单纯稚嫩的眼神，只有将离婚的事实和盘托出，才能将伤害降到最低。问题是，为了让孩子平稳度过这段无比艰难的动荡时期，我们该如何说？如何做？不妨参考以下建议：

（1）找到摊牌的最佳时机。如果你们正在考虑离婚，事情成为定局前将它放在心里，不要在孩子面前表露离婚的意图。孩子当然

婚后，如果伴侣对你施加了暴力行为，一定要及时报警，或者寻求当地妇联的帮助。千万别为了所谓的面子替对方掩饰罪行，你越是为对方考虑，对方越会觉得你软弱可欺。

虽然说婚姻需要经营，但这并不意味着你得牺牲自己去承受暴力。遇到了人渣，及时止损最重要。为了摆脱这段垃圾婚姻，你可以悄悄地收集自己遭受暴力的证据，以此向法院申请人身安全保护令和离婚诉讼。面对家暴，请亮明态度，坚决零容忍！

反而会大幅度缓和，负面心理症状也会逐渐减少，甚至消失。

在网上看到一个16岁的少年发给父母的短信："我从10岁起，看着你们不说话，不一起散步，不一起吃饭，不在一个屋里睡觉，你们还说是为了我才'生活'在一起的，我为此感觉活着特别压抑。"你在不幸福的婚姻里挣扎、沉沦，孩子未必领情。

妈妈们总将"孩子还小，他不懂"挂在嘴边。其实，孩子什么都懂。他懂你们的貌合神离，懂你们的强颜欢笑。爸爸妈妈的委屈、不幸福，他完全可以感知到。你们每一次冷战、争吵，像锋利的匕首反反复复插进他的心里，让他痛彻心扉。

一个处处弥漫着冰冷、腐烂气息的家庭，只能带给孩子无尽的伤痛。在这种环境中长大的孩子，与那种在和谐家庭中长大的孩子相比，多了几分自卑、怯懦。内心深处的那种不安全感可能会影响到他们的行为、选择，可能对他们未来的发展造成阻碍。他们可能会因为看多了你们的不幸，以为婚姻就是这个样子，为此排斥爱情、恐惧婚姻……

一段糟糕的婚姻关系不足以成为孩子成长的避难所，它反而会成为孩子心中最大的痛。更何况，哪怕是正常的婚姻，也无法保证一定会培养出优秀的孩子。而很多单亲家庭或者再婚家庭，却培养出了很多人才。

如果夫妻不愿意或者没有能力让婚姻关系恢复如初，这种情况下还勉强待在一起，根本无法为孩子提供一个健康的人际环境。所有知情权，但他们只需知道你最终的决定。为了让孩子安心，你们自己先协商好关于离婚的诸多事宜，再在恰当的时候告诉孩子。

（2）告知孩子的当下，保证夫妻双方都在场。即使你和另一半在其他问题上多有争执，但在告知孩子这件事上最好保持意见一致。理想状态下，离婚的消息需要父母双方一同公布。如果孩子年龄较大，你们完全可以将孩子当成朋友，向他理性分析你们决定分开的原因。你们尽可能地表现得坦然、理智，孩子便能情绪平静地接受这件事。

如果孩子年龄比较小，可通过举例子、讲故事的方式来告诉孩子爸爸妈妈离婚的原因，尽量解释得通俗易懂。或者给孩子买一些相关绘本，如法国连续畅销十年的《爸爸妈妈不在一起了》《恐龙离婚记》等，夫妻双方陪着孩子一起去阅读，耐心解答孩子的疑问。

（3）避免互相责怪。无论你对另一半有多失望，也不要在孩子面前描述、抨击他的种种不靠谱行为，更要避免在孩子面前与孩子的父亲产生争执。

父母离婚的那段时间里，孩子的情绪可能会变得很不稳定。如果孩子出现了消极情绪，大吵大闹，或情绪低落，终日闷闷不乐，记得及时介入。我们需要冷静、仔细地观察孩子的情绪变化，给孩子足够的安全感。我们还可以向孩子科普离婚是怎么回事，那些法律条约意味着什么，让他明白，离婚并不意味着世界末日，相反，它很正常。

5. 离婚诉讼七大误区，女人不可以不知道！

身为专业的婚姻咨询师的朋友曾痛心地告诉我，她见过太多夫妻由亲密走向陌路，也见过太多男人来找她咨询离婚，开口就是："她一分钱都别想得到，你说我该怎么让她净身出户？"人家早已机关算尽，女人却大多被蒙在鼓里，傻傻地期待对方能回头。

关于离婚诉讼，很多人都存在认识误区。只因普通人对于法律常识往往一知半解，似懂非懂。再加上电影、电视剧里各种桥段和套路的狂轰滥炸，不懂法的人很容易将道德层面上的观念误解成法律根据，一不留神就落入离婚陷阱里，结果损失惨重。

为了保护自身的合法权利，关于离婚诉讼的误区，你不可以不知道！之前通过种种途径搜集了一些资料，总结如下，女性朋友们可酌情参考：

（1）先提出离婚的人一定会吃亏？

有个亲戚，明明与丈夫之间的感情已经走到尽头，再也无法挽回，但她宁愿与对方冷战多年，也不愿先提出分手。家人问她为什么，她理直气壮地说："凭什么啊？我又没有犯错，要是他先提出离婚，我还能谈谈条件，要是我先提了，主动权不就落他手里了？"

先提出离婚的人会吃亏，这种说法并无法律依据。像这一类的离婚官司，法院判案时一贯讲究证据，一般会根据双方的实际感情状况及相关法律法规进行裁决。无论谁先提出分手，只要不是过错方，就吃不了亏。当事人完全没有必要担心。

（2）房子登记在谁名下，离婚时就会判给谁？

无论是结婚还是离婚，房子都是一个极其敏感的话题。那么，房子只登记在某一方名下，离婚时一定会判给他吗？事实上，依照法律规定，在婚姻关系存续期间购买的房屋，无论登记在谁名下，都会被视为夫妻共同财产。当然，前提是双方无特殊约定。

有人说："当初两家一起凑了个首付买了房子，无论写谁名字，都应该是夫妻共同财产。"其实，购买房子时由谁出资与房子是谁的房产，并没有必然联系。先明确房屋产权上产权人是谁，再看看购买时间是婚前还是婚后，就能明白它究竟是谁的房产。

哪怕经过了多年夫妻生活，只要能证明你名下的财产属于婚前财产，离婚时对方就无权占有。也就是说，婚前的房、车经过多少年的婚姻生活都无法转化。

（3）存有婚外情，就一定能离婚？

事实并非如此。我国《婚姻法》第三十二条明确规定，如夫妻双方感情确已破裂，调解无效，应准予离婚。《婚姻法》中，描述的夫妻感情确已破裂的情形主要有：重婚或有配偶者与他人同居；实施家庭暴力或虐待、遗弃家庭成员的；有赌博、吸毒等恶习屡教不改的；因感情不和分居满二年的；及其他导致夫妻感情破裂的情形。

可见，单纯提供婚外情证据，法院不一定会判决离婚。要看你所提供的证据是否足够给力，是否达到法定的离婚条件，等等。

（4）分居两年就能离婚？

对于这个问题，身边人看法不一。有人认为分居达到两年便能自动离婚；有人认为分居两年就可起诉离婚……首先，我们要明确，离婚的法定条件之一是：因感情不和而分居。夫妻双方因为工作、学习或其他原因造成的两年以上的分居构成不了离婚的法定条件。

其次，因感情不和引起的两年以上分居其实是男女感情确已破裂的有力证据，而不是必备条件。如果你们早已产生离婚想法，且协议离婚不成功，便可去法院起诉离婚，没必要等到分居满两年再去起诉。另外，认为分居两年即可自动离婚的想法是无稽之谈。

离婚是有着一系列程序的，如：法院判决离婚、调解、撤销结婚登记、宣告婚姻无效、前往民政局办理离婚手续，等等。经过这些法定程序，夫妻关系才能合法解除。

（5）私下转移财产，法院一定能查到？

在新闻上了解到，很多离婚案件都存在转移、隐匿夫妻共同财产及故意伪造债务的现象。弱势一方通常会将希望寄托于律师及法院，自己却坐以待毙。

其实，律师与法院的调查权有着诸多法律限制。而关于离婚案件中的财产信息，最清楚的莫过于当事人。日常生活中，当事人应该细心留意、收集对方转移财产的证据。

另外，对于有意转移财产的一方来说，实施很容易留下相关证据。如果被对方抓住了把柄，分割财产的时候难免会落于下风。所以，务必要谨慎处理这件事。

(6) 离婚后，发现对方隐瞒了夫妻财产，还有办法追回吗？

依照我国法律规定：夫妻双方离婚后，如果发现对方存有共同财产未分割，自发现之日起两年内可以起诉要求分割。可见，哪怕对方隐瞒了财产，只要及时发现，便有权利分割。只是得遵循"两年内"这一时效性。

(7) 要求对方支付青春损失费，会得到法院的支持吗？

很多女性朋友离婚的时候愤愤不平，有向对方索要青春损失费的想法。可是，相关法律条文中并没有这样的规定。

翻阅我国婚姻法，你会发现，当事人只有遭遇了家庭暴力、对方犯有重婚罪或与他人同居的情况下，法院才会判决过错方支付一定的离婚赔偿。

女人面临失婚的巨大痛苦时，再难过也别忘了正确行使及保护自身的合法权益。面对离婚诉讼的七大误区，我们一定要擦亮眼睛，小心翼翼地绕过弯路。

6. 假离婚弄假成真的悲剧，不只电视上才有

2016年，有一部很火的电影《我不是潘金莲》。电影大概讲述了这样一个故事：农村妇女李雪莲与丈夫秦玉河决定假离婚，目的是生二胎。

他们办理完离婚手续后便开始分居。然而，半年后，李雪莲发现秦玉河违背誓约与别人结了婚。一气之下，李雪莲将丈夫起诉到法院，要求法院明确双方假离婚的事实。

开庭后，法官认为李、秦二人早已办理完离婚手续，不存在假离婚，于是判决李雪莲败诉。李雪莲不服，就此展开了一段漫长、艰辛的上访之路……

原本以为假离婚是影视剧里的桥段，与现实生活相距甚远，可翻阅了相关新闻报道之后才发现，这样的事情在生活中并不鲜见，甚至比影视剧里更离谱、更狗血。

有这样一则新闻：张女士的丈夫马师傅一年前向她坦白，自己

欠了一笔高利贷，无力偿还，眼瞧着债主快追上门了，他决定和妻子假离婚躲债。在丈夫的劝说下，张女士稀里糊涂地和丈夫来到民政局办理了协议离婚。

协议注明，双方债权债务都由各自承担，无婚后财产，至于女儿的学费、生活费则由两人共同承担。他们离婚的消息在家族里传开后，张女士的母亲第一时间来到女儿家里，责问他们怎么说离婚就离婚。之后张女士的弟弟也找到马师傅，将他骂个狗血淋头。马师傅郑重发誓，更写下一份承诺书，表明自己会在离婚三年后和张女士复婚。

谁知拿到承诺书不久，张女士隐隐觉得有些不对劲。她找到丈夫的家人，连连追问，才知道丈夫并没有借高利贷，而是在外面有人了，如今和小三连结婚证都领了。

知道这个消息后，张女士只觉得天旋地转，眼前一片漆黑。她突然想起，自己之前曾出过一场车祸，不慎撞伤头部，引发了癫痫，之后一家人为了给她治病，花了不少钱。张女士的心里猛地响起一个声音："他是为了摆脱我才设下假离婚的圈套！"

最后，张女士将马师傅告上法院，可是律师对她说，之前他们私下里签的那份协议书并没有法律效应。见此，马师傅也有恃无恐地表示，自己绝不会和张女士复婚……

搜集类似的新闻，一条条看下来，发现夫妻假离婚的理由五花八门：为了规避限购令，满足购房条件；出售房屋时为了满足国家出台的"满五唯一"的条件，为了"合理"避税或者逃避债务；为了获取更多的拆迁收益；为了给孩子上户口……

假离婚貌似是钻了空子占了便宜，可是，它真的没有风险吗？咨询过专业的法律人士，他们给出的建议是：感情经不起考验，不要弄假成真！

在我看来，为了实现各种利益假离婚，最后弄假成真，恰恰印证了那句话"偷鸡不成反蚀把米"。想出这些招数的人太贪婪，最后一定会为自己的贪婪付出代价。

要知道，法律上根本不存在假离婚的概念。很多夫妻为了能够快速领到那张离婚证，往往匆匆定下离婚协议，粗暴处理有关财产分割、子女抚养等一系列问题。

比如夫妻财产归一方所有，另一方净身出户。可是，如果一对夫妻离了婚，之后有一方后悔，不愿意复婚，那么另一方只能遵循已经生效的离婚登记，不能强制要求对方复婚。而且，他们之前所定的一系列离婚协议都已具有法律效力。

有的女性朋友在假离婚前，因为害怕对方变心，将来不愿意复婚，会让对方签下一份复婚保证书。可从法律上来说，凡是具有人身依附性质的感情保证与协议，都是无效的。

也就是说，双方私下签订的复婚保证书并不受法律承认。唯一具备法律效力的是夫妻双方在民政局婚姻登记处备案的离婚协议。一方当事人很可能会落得个人财两空的结局。

更重要的是，离婚后双方关于子女抚养权的约定同时发生了效力。如果取得孩子抚养权的一方离婚后拒绝复婚，另一方以后再想看一眼子女，对方往往会拼命阻拦。这时候，未取得子女抚养权的一方想要重温往日欢乐的亲子时光无疑是难上加难。

如果办理假离婚后，双方仍旧生活在一起，那就形成了同居关系。依照我国婚姻法司法解释规定："同居共同所得财产（双方共同劳动、经营或管理的财产），分割时按照一般共有财产处理。"可向法院表明你们的同居关系，要求重新分割财产。

任何时候，我们都不要高估人性。"我们的感情一定经得起考验""我相信他"……这种想法其实很幼稚。如果你一定要拿人性去冒险，最后肯定会失望。

7. 离婚协议也会无效，是真的吗？

"离婚协议书上写得清清楚楚，为什么分财产的时候没我的份？"

"我们早签过了离婚协议，法院凭什么说它是无效的？"

……

很多人也是亲身经历过才明白，并不是说签了离婚协议就能高枕无忧，很多情况下离婚协议也会失去法律效力。

曾有一对明星夫妇在屏幕前大秀恩爱，丈夫宣称，与妻子刚谈恋爱时就拟好了一份"离婚协议"，要把名下财产都给妻子。

这位明星丈夫说这些话的时候表情认真，让网友大为感动。可是一位专业律师却点评说，像这种属于限制离婚自由的约定，其实是无效的，不懂法律的人才会认为协议有效。

现实生活中，很多夫妻平时并不关心相关法律条文的具体含义。到了离婚的时候，他们想当然地按照自己的意愿去编写离婚协议，或者为了省下律师费，在网上随便下载一份《离婚协议书》，以为双方签了字便万事大吉。殊不知，这些离婚协议很多都是无效的。那么，何为无效合同？

合同订立过程中存有恶意串通行为，或一方采取了欺诈、胁迫的手段；损害了国家、集体或第三人的利益；损害了社会公共利益；使用合法行为掩盖非法目的；违反相关法律和行政法规的强制性规定；一方提供格式的条款合同，会加重对方的责任……

不要以为双方在离婚协议上签字后，协议就会立马生效。只有协议的约定符合法律规定，才有可能生效。如果协议的约定与相关法律条约起了冲突，协议就会失效。

有这样一则新闻，李女士与吴先生结婚多年，育有一子。经过几年打拼，二人挣下近千万元资产。谁料李女士之后了解到，吴先生偷偷在外包养小三。经过一段时间的努力，李女士成功收集到丈夫存在婚外情的证据。向丈夫摊牌后，两人同意协议离婚。并决定夫妻共同持有的房产归孩子所有，余下现金，夫妻两人一人一半。

两人很快签订了一份《离婚协议书》，顺利离了婚。谁料半年后，吴先生突然将前妻告上法院，声称这份《离婚协议书》中关于房产处分的条款无效，要求分割属于自己的那部分。纵然李女士百般喊冤，法院还是判定支持了吴先生的诉讼请求。

原来，当初他们约定夫妻共有房产都归儿子，但这一条并不符合我国《合同法》的规定。根据《合同法》相关规定，凡涉及不动产赠予的,先得办理所有权变更手续。在这之前,赠予人随时可以反悔撤销赠予。上述案例中,李女生与吴先生协议离婚的时候,如果及时办理了过户手续,也不会落到如今叫苦不迭却无济于事的地步。

那么,《离婚协议书》中还有哪些常见的无效约定?总结如下:

(1)限制对方再婚与生育子女的自由。

在法律的保障下,我国公民享有婚姻自由权及生育权,不受他人干涉。可很多人在签订离婚协议的时候,会要求对方一定期限内不得再婚、不得生育子女,后者出于种种现实考量,也许会答应这一要求。实际上,这条约定本身是无效的。

(2)限定对方再婚后所生育子女的继承权。

离异夫妻中,一方再婚生下的孩子同样是法定继承人,拥有继承权。除非是被继承人以遗嘱的形式取消子女的继承资格,其他情况下他人无权干涉。

(3)约定子女18周岁以后仍然享有抚养费。

父母有抚养子女的义务,但如果子女已满18周岁,且智力与认知属于正常水平,父母的法定义务随即宣告解除。18周岁以后,父母对于子女的帮助纯属自愿。

所以,千万别因为对方经济条件很好,就在离婚协议书上规定,对方必须将子女抚养费延至18周岁以后。要知道这一条约定不具备法律效应。

（4）在协议中约定归属的财产，本质上属于他人财产。

很多人由于缺乏法律意识，出于某种补偿心理，会在《离婚协议书》中约定父母或其他亲人的财产归对方所有。其实，除非其中涉及委托代理关系，或者获得实际产权人的认可，除此外，这样的约定是无效的。离婚当事人无权分割他人财产。

（5）协议中关于"只分财产不分家"的约定无效。

拿到离婚证后，夫妻身份关系随即解除。原则上讲，离婚不离家属于非法同居，不享有法律所保护的夫妻的权利和义务，双方的关系也不被法律所承认。

除了这些无效约定外，女性在签订离婚协议的时候，还需要注意很多问题。比如，哪怕双方自愿签订了离婚协议，只要不离婚就不会发生法律效力。我们不能将离婚协议与一般民商事合同混为一谈。《离婚协议书》生效的前提条件是离婚。要么男女双方已经在民政局办理好了离婚登记手续，要么有人民法院的生效判决，在这之前，都不具备法律效力。

所以，夫妻双方正式解决婚姻关系前，离婚协议中有关财产分割和子女抚养的约定通通无法生效。诉讼离婚时，这份协议书中的内容无法得到法院的承认。

与对方签署离婚协议的时候，一定要注意避免出现导致离婚协议书无效的情况，否则只会落得人财两空的结局。

8. 涉外婚姻，结婚容易离婚难

某热门论坛上，有网友问："你羡慕涉外婚姻吗？"

一名网友的回答引起了我的注意。她说，她和丈夫的爱情始于一次偶遇。那年她刚刚20岁出头，去陌生的城市旅游，无意间遇到一个男人。

他来自意大利，高大英俊、幽默风趣，很快便俘虏了她的心。他们像《爱在黎明破晓前》的男女主角一样，一路畅谈，默契无比。分别时，他望着她的眼睛，说："你是我最想娶的那种女孩。"因为这句话，她彻底沦陷在他深蓝色的眼眸里。

一年后，他们在教堂里完成了一场如梦如幻的婚礼。又过了一年，他们的婚姻已经走到了摇摇欲坠的边缘。旅途中的默契不复存在，所有的甜蜜都被现实葬送。那段时间，她满脑子想的都是，如何离开这个男人。咨询了律师后，却被那一系列烦琐的程序吓退。彼时，她才惊恐地发现，这段婚姻，开始的时候貌似容易，想要结束，却难上加难……

很是心疼这名网友的经历，心里同时也产生一个疑惑，涉外离婚，究竟难在哪里？特意咨询了身边的律师朋友，她说，首先涉外离婚的程序十分烦琐。如果协议离婚不成功，只能诉讼离婚，这个过程一般较为复杂漫长，诉讼成本也会很高。如果一方想要离婚，另一方不予配合，涉及公证、认证等问题很难和平解决。诉讼时间也会进一步延长。

朋友说从业以来，很多涉外婚姻的当事人都会向她问一个问题："能否去当地民政局办理离婚？"她解释说，如果一方是中国公民，一方是外国公民，当初在中国境内登记结婚，那么双方必须去当事人的涉外婚姻管理机关按照程序办理相关离婚登记手续。

如果当初是在国外登记结婚，那么得先将国外颁发的婚姻注册证书拿到证书所有国进行公证，再到我国驻该国使、领馆进行认证，这些都办完后才能在国内立案。

除了程序问题外，更难缠的部分在于财产分割。查阅相关资料发现，我国法律规定，涉外离婚案件中关于不动产的部分，得适用不动产所在地的法律。也就是说，哪怕夫妻双方在中国起诉离婚，关于国外的房产分割问题无法一并解决，必须去不动产所在地进行处理。

关于存款、投资等动产，如果并不在国内，碍于种种现实条件，我国法院是很难核算出对方具体的财产数额的，即便律师飞去国外取证，如果对方有意隐瞒，也很难查出真实的信息。这其实是说，就算察觉到对方想要转移夫妻共同财产，身处国内的那一方也无可奈何。

为了预防这些情况发生，女性朋友可以在离婚前做好准备工作。比如，核实对方的存款与投资，掌握切实资料，防备对方转移财产。拿不动产来说，先取得对方房地产的登记资料，再将这些资料送到公证机关办理公证。下一步是将登记资料和公证资料一并送去中国大使馆进行认证，经过这些程度后，这些资料便成了有效证据，方便后面提交法院。

之前还看网上看到这样一个案例：来自武汉的黄女士30岁时结识了来华旅游的日本男子信一。二人一见如故，越聊越投缘。冲动之下，他们起了闪婚的念头。

后来，他们顺利在武汉登记结婚。婚后第三天，信一对黄女士说他要先回日本办理相关手续，办好手续后就将她接去日本。黄女士依依不舍地将丈夫送到机场，目送着他上了飞机。谁知丈夫就此一去不复返，音讯全无。随后两年里，黄女士多次前往日本，为了找到丈夫，她曾向中国驻日大使馆以及当地警察署发出求助，可是找来找去始终一无所获……

黄女士的遭遇并不是个案，实际上，很多涉外婚姻的当事人都曾面临这样一个难题——伴侣失踪。对此，朋友解释说，我国法律明确规定，涉外离婚案件，我国法院和外国法院都拥有管辖权。如果国内的一方向人民法院提起了诉讼，那么人民法院必须受理。

而涉外婚姻如果是在国内办理离婚，且被某法院受理，那么无论是双方协议离婚，还是一方提起离婚诉讼，一律适用受理案件的法院所在地法律。

另外，如果伴侣下落不明，可以向法院宣告对方为失踪人口，再向法院提起离婚诉讼，由法院处理你们的婚姻关系、财产等一系列问题。一旦判决离婚生效后，你就自由了。

对于女性朋友来说，当你决定开启一段跨国婚姻的时候，一定要保持理智，不要被爱情冲昏头脑。结婚前，双方最好提前考虑到用哪国法律，遵从哪套规则等问题。多多熟悉对方的家庭状况、收入情况，并掌握相关证明。而且，不妨就对方国家婚恋方面的法律、规定请教专业的法律人士，以备在需要的时候能果断地拿起法律武器保护自身的合法权益。

如果你正身处一段糟糕的跨国婚姻中，将一切顾虑放到脑后，该抽身时及时抽身。你越是犹豫、退让，损失的只会越多。记得起诉离婚的时候最好选择最有利于自己的法律。例如，有些西方国家的法律在离婚财产分割上对女性、儿童十分照顾，有些国家甚至会将全职太太的家务劳动纳入补偿范围中去，不妨依据现实情况做出最有利的选择。

办理涉外离婚，真的很不容易。所以，结婚前一定要谨慎万分，确定是真爱再和他迈入婚姻殿堂。如果到了不得不离婚的地步，也请做好攻坚战的准备。

9. 积极争取离婚财产，维护自己的合法权益

我的朋友秦瑾告诉我，离婚的时候她只做了两件事。第一件事是尽快找到一份工作，让自己彻底独立起来。秦瑾做了五六年的全职太太，第一次听到丈夫提出离婚，她耳边仿佛响起一声炸雷。那晚，她思前想后，泪流不止，焦虑得一夜未眠。

第二天，她走出家门，决定要寻回自我。就像《我的前半生》里的罗子君一样，她从一份薪水很低的工作做起，逐渐学会了独立。这为她之后争取女儿的抚养权起了关键性作用。

秦瑾做的第二件事是咨询律师，积极争取财产。在律师的建议下，她通过各种渠道掌握了丈夫出轨并与他人同居的有力证据，最后成为这场离婚官司中的赢家。

女人面临失婚事实，如果感情用事，什么也不争取，日后一定会后悔。没有什么比生活更为残酷、现实。积极争取财产，对自己的下半生和孩子的未来都是一种保障。

曾有一些女性读者与我倾诉，说与另一半离婚时，内心毫无底气，只因钱都是对方挣的，自己却当了多年的全职太太。她们害怕打离婚官司时，法院会倾向挣钱多的那方，自己却落得净身出户的下场，所以宁愿忍着、拖着，也不愿意和对方离婚。

这其实是一种错误的观念。我国法律明确规定，只要是夫妻关系存续期间取得的财产，都属于夫妻共同财产。法院会默认，只要是家庭成员，都为家庭财产做出了贡献，离婚时都有权分割家庭共同财产。拿全职太太来说，虽然没有外出工作，但她们做家务、带孩子等诸多付出同样是不容忽视的，法院分割财产时可能还更注重保护她们的利益。

夫妻离婚时，财产分割主要遵循以下几个原则：

男女平等原则，即平等分割共同财产，平等承担共同债务；照顾子女及女方利益原则；有利生活，方便生活原则；给予补偿原则，即付出较多义务的一方，可向另一方提出赔偿要求；照顾无过错方的原则，如果一方存在过失，法院分割财产时会更倾向无过失的一方。

那么，为了争取尽可能多的财产权益，女人具体应该怎么做？

离婚财产大致可分为存款、不动产、动产、股权等形式，首先女性朋友一定要想办法弄清家庭财产究竟有哪些，有多少。

1. 存款。如果存款存在对方名下银行卡里，你得先拍下对方银行卡的照片，确认其银行卡号或者开户银行。掌握这些线索，法院调查男方名下财产时便少了很多程序上的障碍。

2. 不动产。先确认其属于夫妻共同财产还是一方个人财产。如果属于夫妻共同财产，确认你想要的是房屋还是房屋折价补偿款。如果是前者，一定要积极争取孩子的抚养权。

为了争取房产，我们还可搜集以下证据：对方名下有其他房产，自己名下无其他房产的证据；自己属于弱势群体的证据，比如身患重疾、身有残疾等；贷款买房，自己作为主贷人的证据；搜集自己作为申请人申请公租房、两限房、经济适用房等保障型住房的证据。

另外，如果不动产属于自己一方个人财产，最好将购房时的买卖合同等证据准备好，证明房产属于婚前财产；或证明你用的是婚前个人财产购买的房屋。

3. 动产。拿汽车来说，建议先搜集以下证据：汽车登记合同，证明汽车登记在自己名下；平时使用权归自己的证据；平日里，为汽车缴纳保险费的单据等等。其他动产，比如衣服、金银首饰、包等，举证确认属于自己的私人物品。法律规定，离婚时，私人物品不予分割。

4. 股权。哪怕股权属于对方的婚前财产，也不用慌，你可以搜集婚姻关系存续期间股权经营性收益及增值的证据，要求分割这方面的利益。

如果股权属于夫妻共同财产，不妨与公司接触，表达自己想要成为股东的意愿，争取公司超过半数股东的同意，为之后争取股权做好铺垫；如果公司大半股东不同意你成为股东，先与对方协商确定股权价值，要求分割股权折价补偿款。如果协商失败，可申请评估。

离婚的道路要比结婚漫长黑暗得多。你得一个人逆流而上，孤军奋战。聪明的女人知道如何为自己留后路，如何为自己后半生争取更多利益。如此一来，离婚对于她们来说反而是一种好事。这样的女人在脱离一段糟糕婚姻的同时，也将走向新生。当然，离婚之前考虑得越周全，准备得越充分，才能越轻松地打赢这场战争。

10. 当男人不再爱你，要保持自己的尊严和风度

在现实生活中，很多女人宁愿在垃圾婚姻里一忍再忍，宁愿用伤害自己和孩子的方式去报复男人或挽回男人的心，也不愿痛痛快快地走出阴影，迎向新生。

只因婚姻对有些女人来说，就是离开父母、亲人，有了一个终身依靠。如果男人中途出轨，对她们来说好比釜底抽薪。她们为家庭付出了青春，耗尽了心血，恨不得一颗心都献给丈夫和孩子，如今却迎来这样一个可笑的结局。一想到这些，女人们既委屈又愤怒，很容易走极端。我理解她们的苦，却不理解她们为何一定要为别人的错误埋单。

带着孩子去跳楼，是解决问题的方法吗？这其实是一种自虐。更何况，孩子何其无辜？孩子的安全感和幸福感都来自父母，如今，你却要让他为成年人的过错牺牲掉自己的人生，何其残忍！

女人是多么的脆弱，而对待自己曾用情至深的女人，男人又是

多么的残忍！只是，何必用别人的残忍去惩罚自己的脆弱？行走的人生旅途中，请多一分理智与乐观，少一些自虐与沉沦。如果确定自己遇到的是一个错的人，请第一时间转身离开。

做人得拿得起放得下。面对一段糟糕的婚姻，也是如此。如果它折磨得你痛不欲生，何必留恋往日的那一丝温存？你更不能用伤害自己、伤害孩子的方式去挽留。

以前看过的一本书里有这样一句话："人只要活着，再怎样一无所有，也不该把做人的尊严和风度也输掉。"没必要为了一个不爱你的人毁掉自己的未来和孩子的人生。

余生的路还很长，需要你做的事情还有很多。果断地离开那个早已变心的他，你要好好爱自己，爱孩子，努力工作，让自己变得更优秀，让自己的视野更开阔。